U0505603

主 编 何海明

副主编 马 澈

时间III战场 赢在视频时代

Time Battlefield

中国传媒大学广告学院 国家广告研究院 出品

中国财经出版传媒集团

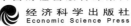

经济科学出版社

Economic Science Press

图书在版编目（CIP）数据

时间战场.Ⅲ，赢在视频时代/何海明主编.—北
京：经济科学出版社，2021.6
ISBN 978 - 7 - 5218 - 2492 - 6

Ⅰ.①时…　Ⅱ.①何…　Ⅲ.①传播媒介－研究　Ⅳ.
①G206.2

中国版本图书馆 CIP 数据核字（2021）第 066715 号

责任编辑：于海汛　李　林
责任校对：蒋子明
责任印制：范　艳

时间战场Ⅲ：赢在视频时代

何海明　主　编
马　澈　副主编

经济科学出版社出版、发行　新华书店经销
社址：北京市海淀区阜成路甲 28 号　邮编：100142
总编部电话：010 - 88191217　发行部电话：010 - 88191522
网址：www. esp. com. cn
电子邮箱：esp@ esp. com. cn
天猫网店：经济科学出版社旗舰店
网址：http://jjkxcbs. tmall. com
北京季蜂印刷有限公司印装
710×1000　16 开　10 印张　180000 字
2021 年 11 月第 1 版　2021 年 11 月第 1 次印刷
ISBN 978 - 7 - 5218 - 2492 - 6　定价：52.00 元
（图书出现印装问题，本社负责调换。电话：010 - 88191510）
（版权所有　侵权必究　打击盗版　举报热线：010 - 88191661
QQ：2242791300　营销中心电话：010 - 88191537
电子邮箱：dbts@ esp. com. cn）

导　读

　　这本书是根据中国传媒大学通识课"新媒体创业"整理的讲稿，也是《时间战场》系列的第三辑。我们邀请当年度新媒体领域的风云人物和创业创新者来到中传课堂，分享他们的行业实践和理论思考。我们把书起名《时间战场》，意思是在新媒体领域，每个人都是在和时间赛跑。在企业的发展中，每一个赛段都跑到前面几乎是不可能，但在一个赛段领先，就非常了不起。

　　在这一期课程中，我们邀请到 17 位新媒体行业大咖亲临中国传媒大学的讲课现场，分享对行业的洞察以及新市场环境下对创业和创新的思考。著名主持人李小萌、郎永淳、赵普、赵音奇、席瑞与嘉宾现场深度对话，由百度百家号、快手、一直播通过网络进行直播，直播观看人数达到 500 万 +。这样豪华的课程无疑是重投入的，这门课得到了伽蓝集团自然堂化妆品、青海天佑德青稞酒和澳洲天鹅庄红酒的经费支持，没有他们，很难完成这样的课程和传播。

　　一共有 14 位嘉宾同意将课程做成书籍，中国传媒大学广告学院网络与新媒体系副主任马澈副教授带领老师和研究生团队整理成稿，并将本书按体系分成平台创新、短视频、知识付费、媒体融合、新赛道五部分。

一、平台创新

　　沈抖是百度高级副总裁，负责移动生态事业群组，在加入百度前，曾在微软总部担任研究员，他自己也创办过公司，是学者型互联网高管。他分享的主题是《新移动、新连接、新生态》，在 PC 时代，百度几乎独占中国的搜索市场，而在移动互联网时代，百度遇到了挑战，面对更多的独立 App，更多的流量入口，沈抖认为搜索要把握三个趋势：更自然的交互，更丰富的内容和更快速的连接。

用户要所见即所得，所以需要企业有能力去满足用户的需求，要有提供内容、服务和交易三种不同的能力，因此百度要有高质量的内容、提供闭环的服务、达成交易的能力。沈抖认为未来人们的生活半径不只是手机，而是更多的场景，科技会做更多的事，会让用户有更好的生活。

芒果TV的副总裁方菲讲的内容是《打赢新旧媒体的生死之战》，芒果TV是中国视频行业唯一连续多年盈利的长视频媒体，芒果TV在新媒体上的强劲增长抵消了传统电视业务的下降。方菲认为媒体融合的黄金机会点出现在传统媒体鼎盛时期，湖南广电在那时做出了大力发展互联网视频的重要决策。方菲还认为视频行业竞争的本质是效率之争而非规模之争，好的商业模式是二者的微妙平衡。他说价值观对企业的驱动作用是巨大的，"不创新，毋宁死"这一芒果的价值观和企业文化，融入到了公司的各项管理中，这一价值观是湖南广电和芒果TV的精神和灵魂，也是完成媒体融合，实现互联网转型的终极支持。

郑蔚是阿里巴巴文化娱乐集团大优酷事业群的原副总裁，在这之前她是央视经济频道的副总监、创办了《对话》《开心辞典》等多个品牌栏目，之后加盟爱奇艺，出任首席信息官，负责制作大型综艺节目。郑蔚认为从2019年开始，互联网视频的综艺开始衰退，用户流量、企业的广告预算走向了短视频，艺人问题和政府更严格的管控使综艺视频节目危机四伏。如何做好综艺，郑蔚提出了三点："极致""共情"和"价值观匹配"，她认为"新青年"与"她世界"是互联网综艺的核心族群，研究她们并满足她们的需求关乎互联网综艺的未来。

二、短视频

徐欣是快手负责产品的高级副总裁，曾供职于腾讯，有着丰富的产品从业经验。快手成立于2011年，最初是一款用来制作分享GIF图片的手机应用，后来发展成一个具有社交属性的短视频社区，之后用户快速增长，2019年达到9亿。快手日活2亿，内容生产者2亿，每天有超过1500万条视频上传，这在传统媒体看来几乎不能想象。快手2021年上市，最高时市值过万亿元，是A股所有一百多家文化产业上市公司市值之和。用科技的力量记录自己，把自己呈现给世界，这是短视频狂飙突进的内在逻辑。徐欣讲了很多干货，比如快手的价值指导算法是基尼系数调控，把注意力资源、流量分配给更多的普通人和长尾作品；快手产品早期呈现双列 Feed 流，目标是鼓励用户生产，把普通人生产的内容精确推荐给感兴趣的人；流量爬坡都经历内容审核和用户反馈的循环；内容加社交的形式帮助用户扩展兴趣边界，防止茧房效应。账号成长要"始于颜值，陷于才华，忠于人品"等。做快手的账号，在快手实现变现，这篇文章不可不读。

星站是由毕业于清华新闻传播学院的才女朱峰创立的短视频文化公司品牌，星站 MCN 专注于快手和抖音短视频。朱峰的团队通过研究平台的算法规则，用账号循环往复的测试，研究出一套积累粉丝和流量的办法。她很早地推出人设、内容和运营一体化的账号打造方法并付诸实践，效果显著，是快手标志性的 MCN 机构。她分享的题目是《短视频流量池的打造与变现》，极好地解读了快手徐欣的产品思维。

洋葱是抖音头部的 MCN 机构，创始人聂阳德是资深媒体人，电商操盘手。洋葱打造超过 400 个原创 IP，很多都是粉丝过千万的现象级 IP。聂阳德分享的题目是《从 0 到 1 打造现象级 IP，爆款背后有法可循》。如何精准打造个人 IP，洋葱的 SRIL 方法是贡献给业界的方法论。爆款内容有规律，做好运营就要读懂平台的逻辑，赛道选择、竞争定位、人设建立都需要数据分析。聂阳德说："内容的背后是人心，运营的背后是人性，好的内容能引起共鸣，用技术和运营手法会让内容表现得更好"。

三、知识付费

张泉灵一直是优等生中的优等生，少年就读上海一所重点学校，北大德语系毕业。在央视当记者、主持人期间几乎拿到了一个传媒人想要的所有大奖，然后华丽转身做了投资。这次受邀到中传是作为"少年得到"的董事长来分享创业的心得。她总结创业的三个问题"想做什么""能做什么""有何资源"，她思考的路径是用户价值被重新定义，行业门槛会发生变化，连接方式也要跟着变化。她在"少年得到"开了一门语文素养课，初心就是帮孩子省时间，学到最优质的东西。大学生要不要创业，创业的初心是什么，创业的价值引领，张泉灵分享自己的体验和思考。

李国庆是个有争议的人物，是中国第一批互联网企业家，当当网创始人，2019年开始做知识付费"早晚读书"。李国庆这次分享的题目是《知识付费和创业》，他解析内容产业的规律，点评知识付费的现状。他的创业心得很接地气，责权利清晰的合伙人、员工激励、内容洞察、落单和现金流。这是"老江湖"给年轻人的创业启迪。

四、媒体融合

唐胜宏是人民网研究院的副院长，她梳理国际上媒体融合的理论发展，是技术融合和组织融合，媒体融合的实践以"中央厨房"为代表。在中国，以人民网为代表的主流媒体坚持内容主业，瞄准智能化方向，技术和资本驱动，做好移动产品，体现其政治价值、传播价值、品牌价值、平台价值和资本价值。

阿基米德传媒 CEO 王海滨曾是上海文广的主持人，阿基米德传媒是上海文广集团的音频媒体，王海滨相当于体制内创业，他分享的是媒体转型。王海滨认为传统媒体的转型是一场能力革命而非平台革命，把互联网音频起名"阿基米德"就是希望找到一个支点，撬动传统媒体的变革，他希望"阿基米德"是个基于移动端的超级收音机，有更高级的接口，更多的连接。要把传统媒体移植到互联网上需要以用户为中心，重构内容生产的理念。阿基米德完成自我造血、发展壮大并推进中国广播行业的变革是他们的使命。

杨宇东是资深的媒体人和资本市场研究者，从事财经报道二十多年，是第一财经传媒集团的总编辑和第一财经日报的总编辑。《第一财经》原来是电视台办的专业报纸，后来成为全媒体的代表者，他的发展和转型代表地方媒体突破天花板的努力。《第一财经》的融媒实践是业务重心转移到移动互联网，聚焦专业内容，再造商业模式，提升管理效能和"ALL in 移动端"。

张凌是澎湃新闻互动新闻中心的总监，跟其他媒体的融合不一样，澎湃新闻在2016年12月31日《东方早报》出完最后一期后结束了传统和新媒体并行的历史，专注新媒体产品。澎湃要用新媒体产品的形式构筑独特的内容护城河，做好原创报道、主题宣传爆款化、策划报道全景化、做好分发、社交驱动是澎湃新闻独特的内容护城河。内容很硬核，产品要运营，工具跟得上，澎湃的成功是水到渠成。

五、新赛道

朱见山是东家 App 的创始人和 CEO，是书法家和茶文化专家，他认为每个中国人的基因里有两滴水，一滴是茶水，一滴是墨水。中国人把玩物件、泡茶听戏需要道具，需要手工艺品。"东"是中国文化的积累和传承，"家"是一种生活方式和传承载体，"东家"意即"东方美学生活家"，东家 App 是利用互联网 App 连接制作传统物件的匠人，为手艺人搭建足够大的展销平台。东家通过电商、内容、社群、文博与线下等多场景的营造和整合，创造商机也带来社会效益，因为他们认为使用是最好的传承，买卖是最好的保护，分享是最好的传播。

郭晶晶是柒小佰（深圳）科技有限公司的创始人，公司前身是网红智能自行车公司 700Bike，是家做儿童自行车的硬件公司，这似乎和我们的传媒业相距很远，但当我们听完他的分享，发现无论做内容还是做硬件，对创业的认知是一样的。他认为在互联网时代，我们身边所有的产品值得重做一遍，我们要从未来的视角看现在，重新定义产品，重新设计、重新研发、重新制造、重新销售。创业公司的发展路径一定是从单品爆款到品类第一，然后再到商业化规模化。他以儿童运动出行为例，介绍打造爆款产品的方法，分享硬件创业如何避开坑的观念和路径。

这本书出版时，距我离开央视到中传教书已有六年，开设的"新媒体创业与创新"和"企业营销战略"课其中前三年都是案例，请企业家和媒体创业者和管理者授课，后两年由于疫情，就由我组织年轻的老师授课了。回顾我们曾经请过的企业嘉宾，有的上市，成了中国的首富；有的销量过百亿元，成为行业龙头；也有遇到坎坷，企业没能活下去。有人说新成立的企业只有 5% 能活过 5 年，因此我经常勉励那些年轻的创业者，如果你的公司活过五年就很了不起，如果活过十年，就很优秀，如果二十年还不倒，接近伟大了。创业的艰辛，新媒体光鲜背后的内卷和外部的各种制约，不在其中很难体会。好在人生本身就是过程，创业给人的体验和修炼是一般人体会不到的，其实这就够了，因为创业，看到了不同的风景，体会了别样的人生，负起了更大的责任，这是对创业者最大的褒奖和厚爱。

何海明

2021 年 11 月 15 日

目录 CONTENTS

平台创新

短视频

知识付费

媒体融合

新赛道

平台创新

百度沈抖：新移动、新连接、新生态

沈　抖　博士

百度集团执行副总裁

新移动时代

回想我刚上大学的时候是 1997 年，当时互联网还不普及，上课时我们才能进入机房使用计算机，练习键盘打字。尽管这种人机交互方式在当时已是极大的技术进步，但也是一个极高的门槛——我们接受了十几年的教育进入大学，却连键盘都不会用。现在，人们手中每部手机的计算能力都远超当时的台式机，手指触屏就能操作世界上最先进的计算设备。这是整个时代的巨大变化。

每一次媒介变化都是紧随设备变化而来。之前 YouTube 在中国没有很好地发展起来，主要是因为在拍摄成本比较高的情况下，只有比较好的创作能力才能生产视频内容。当时，中国绝大多数年轻人受成长和教育环境的影响，在创造性的生产、设计能力上并不那么富余。而现在短视频却发展得很好，因为无论是生产设备还是年轻人受教育的过程都在发生变化，使得我们今天的信息获取方式和以往有极大的不同。

2001 年的时候，我会花大量的时间，在网上以搜索"种子"的方式获取影视资源。但今天"种子"概念已被淡忘，没有人再愿意花这么大的功夫搜索一部电视剧或电影。现在大家只需找到一个视频媒体平台就能免费或付费观影，甚至还有去除广告等功能。付费能力和基础设施的成熟，也都使得我们的媒体消费发生巨大的变化。

我们进入了一个新移动、新连接、新生态的时代，百度也在朝着这个方向进行努力。目前百度的搜索引擎面临较大的挑战：

一方面是相对变化上的不进则退。用户有了更多的独立 App、更多内容消

3

费的体验，当降低了用户内容消费门槛的时候，搜索作为一个门槛相对较高的获取信息的工具，它的进步就会显得相对滞后。

另一方面，中国的互联网的竞争环境相比其他国家更激烈、复杂。美国到现在还有大量的 H5 存在，甚至蓬勃发展；在中国，但凡具备一定规模的互联网平台，都愿意把所有用户不计成本地锁定在自己的平台，都要去建自己的App。这使得中国的互联网出现了信息孤岛化的现象，用户跨平台获取信息的成本就会变得很高。

搜索还重要吗？

目前整个移动互联网大盘增长已经放缓。尽管移动网民的数量和人均时长还在增长，但进入 2019 年以后，移动互联网总时长的同比增速已经降到了 3.1%。

用户时长争夺日趋激烈，社交、综合资讯、短视频、长视频、泛娱乐、游戏等产品到各垂类产品之间的总时长的分配占比也正在发生变化。2018 年 5月，社交类具有 37.5% 的市场占比，到 2019 年 7 月已经降到了 32.5%，综合资讯的分发整体也处于一种受压的状态。但在此期间，短视频市场占比从8.6% 到 13.8%，拥有一个高速增长的过程。由此看出，整个媒体的形式发生了非常快的变化，短视频成为用户最喜闻乐见的一种形式。

早期 PC 时代，大家要触达视频、资讯、游戏等内容或站点，多数是通过搜索引擎去实现的。也有人会用导航站、收藏夹，但这些方式效率都比较低，最好的方法还是搜索。现在因为有了众多独立 App，用户上网入口发生变化。人们第一时间不是进入搜索界面，而是通过 App 进入这个新的世界。

这时大家会问搜索还重不重要？搜索还是不是我们信息获取的入口？我的判断是：搜索作为信息获取的入口地位依然存在。

人的多元化的需求和有限记忆的矛盾需要搜索。人们的主观能动性很强，因而需求非常多元，想要去触碰到新鲜的、未知的、更广阔的世界。有一本书叫《网络心理学》，里面讲为什么人会对网络上瘾以及为什么会搜索。人类大脑具备了一个"搜索区域"，就是要不断地去探索新的世界，我们会主动地去触达这个世界的不同维度，在这个过程里，只有部分刺激足够强的内容驱使人们去探索。而那些被放弃探索的部分，极有可能是为之获取信息的成本太高。

当信息获取的门槛降低，驱动信息分发的矛盾需求也会显露出来，搜索就是一种满足用户不同需求的方式。基于这个情况，毫无疑问搜索是非常重要的。用户因为有大量的时间去刷短视频、信息流等，主动搜索的时间便少了，这种可能性是有的。但这不是一种替代作用，因为搜索是用户的一个刚需。即使人们手机上有几十个 App，但每天打开的甚至记住位置的 App 也没有几个。每个人记忆的有限性，使搜索成为满足用户多元需求和突破记忆限制去获取信息的重要方式。

但是今天的搜索和以往已经大不相同，有的时候我们把某一事物想成了既定模式，就没有发现这个世界的变化。

用户需求的三个趋势

由于移动互联网入口逐渐集中到有多元化分发通路的超级 App，如今的搜索应该更加适应用户需求发展趋势的变化。用户在搜索和信息消费中有三个重要趋势：更自然的交互；更丰富的内容；更快速的连接。

更自然的交互

以前的搜索引擎是让用户找到一个链接或网页，点进去获取想要的内容。但现在用户需要更自然的方式、更快速地找到所需的信息：结果即答案——搜索的第一条结果就要给出最精准的回答。例如，以前如果想知道科比和樱木花道谁长得更高，用户需要分别搜索他们的身高然后进行比较，但现在可以在 App 输入问题进行搜索，直接就可以推算出谁比谁高多少，这样能极大地提升信息获取效率。目前，百度在第一条搜索结果就能满足用户的比例已经超过了50%。

其次，可以通过语音输入使用户在解放双手的情况下解决问题。当问题用语音也没法描述的时候，还可以通过视觉去解决——多目标的动态识别，看到多个物体的时候就可以用手机自动标注物体。其中涉及商品搜索、文本翻译等技术。

此外，还有更多类型的搜索需求可以得到满足，例如"垃圾分类"和"作业模式"等认知需求。有了新的人工智能去支持搜索以后，"垃圾分类"效率会大幅度提升；在学习过程中遇到不会的题目，用户进入百度 App 通过语音对话或拍照搜题，也可以直接获得答案。

在新的移动时代和人工智能技术的支持下，这些搜索方式能更智能地去交互和解答问题。

更丰富的内容

内容消费是认知世界的刚需，无论提供多便捷的交互方式，归根到底还是需要优质内容满足用户的需求。

内容像人的需求分级一样可以分为很多种，用户需求类型可以由底层向上分为消遣流行、兴趣决策、成长几个层面。不同的层面上，用户的需求特点和需要的内容供给是不同的。

消遣和流行是高频的、海量的、碎片的需求，比如打开一个 App，看一个短视频，看张三李四没有什么太大的区别，就是利用消遣娱乐把自己的时间消耗，这个层面需要提供泛娱乐内容。兴趣和决策型，是比如要上哪个学校，选哪门课，找哪家公司工作，这些是刚需，但是相对低频的需求，在这个层面需要提供知识型内容。再往上的成长型，是要完成的作业、学习的知识等，这是进一步的刚需，但是相对来讲更加少量，这个层面需要提供观点型内容。

除了以搜索为主的信息分发，还有另一种供给用户内容的方式——信息流。人去找信息就是搜索，信息找人就是信息流。无论是搜索还是信息流，都需要非常优质的内容来供给，才能满足用户的需求。

百家号对整个百度内容生态而言是非常重要的一种供给方式，我们利用这个平台去帮助内容创作者创作内容、分发内容、触达用户。现在百家号已经覆盖了两百多万的创作者，覆盖了96%的头部媒体、95%的头部机构，包括中央部委的一些重点机构的覆盖，整个原创的占比也在大幅度地增加。

除了百家号，百度还包括百科、经验、知道和门户等知识类产品，根据用户需求的不同层次，建立起专业、丰富、及时的知识产品矩阵，对于泛知识人群、学生人群、高知识人群和专业需求人群来说都有相应的产品支持。

此外，百度利用 AI 创作能力输出，助力媒体提升生产效率。在和人民日报的合作过程中，百度提供了人工智能技术帮助人民日报的内容采编去生产优质的内容，包括文本的分类、纠错、摘要，以及自动打分、智能审核、热门短语和智能切图。从选题、配图、内容线索的整理，最后到发布，很多地方都可以用人工智能的技术解决。这个过程，也可以让更多的创作者具备更强的能力。

用户的时间都非常宝贵，只有优质的内容，才能占领用户的时间。因此我们只能为用户提供高质量的内容。

更快速的连接

在 PC 时代，有线上的浏览器和大量门户网站，百度在中间只要起到连接的作用就可以。当时浏览器是非常公平开放的互联网入口，不允许绑定、垄断，也许打开以后还会出现一个内容很少的空白页。人们觉得只要把自己的内容搬到网上，就能成就一个新世界，都很希望自己的内容可以被索引到。搜索引擎开发了超链分析的技术，门户也都有自己的算法，互联网通过超链接，能够把内容很好地反馈给用户，在标准浏览器上可以没有障碍地访问任何网站的内容。

进入移动互联网后，整个生态发生了变化，如今打开任何一个 App 或浏览器，都会感觉到内容满得都要溢出，也很难想象打开一个页面会是空白的。国内现在还没有任何一个标准意义上的浏览器，反倒都变成一个所谓的内容容器，都是长得差不多的搜索。这时百度如果想给用户提供搜索浏览器，其实已经没有一个很好的入口。除此之外，现在 App 变成一个个独立的个体，相互之间割裂、独立，连接非常困难，很多内容被封锁在 App 内，使得搜索引擎的访问变得更加困难，也因此缺少更多更好的内容去服务用户。

用户来到百度搜索，我们为之提供链接。当用户点开一个链接跳转到一个网站上，理论上来讲我们应对这个跳转网站的结果负责。但这些网站都是开发者自己开发的，今天开发出来，明天可能就被黑客攻击，这种情况普遍存在，百度也无法介入保证任何网站的安全性。只是 PC 时代的用户容忍度很高，现在已经很低了，所以需要提供新的解决方案。

以前我们要看一部电影的时候，愿意折腾很长时间去找"种子"、下载链接。但现在的用户，尤其是年轻一代，受益于互联网基础设施的成熟，有一种自然的需求——所见即所得。当人们看见一名网红在卖东西，会觉得要打开另一个网页进行搜索购买太麻烦了，便希望现在能立刻下单，并且最好当天晚上就能收货，这就是人们的即时需求强度。随着 5G 的到来以及其他设备的成熟，这种需求会更加明显。人们会变得越来越没有耐心，越来越不愿意等待，因此需要有更好的设计来帮助用户获得更安全、更及时的连接和满足。

提供内容、服务和交易能力

用户所见即所得的要求更明显，所以我们更需要有能力去及时满足用户的需求。过去用户是通过一个 Query① 进来看到信息，点击下载，再到新的 App

---

① Query：查询命令。用户为了在数据库中寻找某一特定文件、网站、记录或一系列记录，由搜索引擎或数据库送出的消息。

输入，重新表达获取信息。但现在百度要尝试重新解决这个问题，当用户通过不同的移动入口进去，无论是 Query 还是 Feeds[①] 表达，都要提供内容、服务和交易三种不同的能力。

在内容能力上，是指通过类似内容审核的机制，使得用户看到的都是高质量的内容。在服务和交易能力上，也不再是把互联网的内容和服务进行简单呈现，让用户对后续消费自行负责，而是再往前走一步，在用户需求表达的基础上提供闭环服务的可能性。例如用户如果在百度搜索正在上映的电影，就会出现购买电影票的小程序，用户通过小程序直接点击就能实现购买。

再往前走一步满足用户的需求，这就是新的搜索引擎与新的连接，而不是原来开放式的"点到为止"——用户输入一个 Query，找到一个查询结果，搜索引擎就不管了。我们应该更进一步，满足用户需求的终点，当用户在百度 App 进行搜索，很多被动服务已经通过小程序进行了提供，这种服务的体验将更加闭环连贯。在新的移动时代，用户通过智能小程序等更平滑的体验来获得服务，所见即所得的需求在多种场景中得到更好的满足。

进入新的移动时代，原来许多传统行业本来所不具备的能力在新的移动时代焕发出新的生机和活力，也可以找到许多触达用户的新机会。例如通过智能小程序，直营电商可以建立品牌经营的新阵地，展馆行业可以贯通线上线下一站式的服务，广电行业也能让每个电视台拥有自己的 Fans TV。

随着设备的发展，我们将来的生活半径不只是在手机，甚至会扩展到整个智能家居、车机，以及更多新场景。现在百度也开发了车载智能小程序，在车上也可以随时唤醒小程序，提供车后服务、资讯、休闲娱乐、视频、购物、亲子、旅游、工具等多种类型的服务，用最简单的方式，满足用户在车载场景下复杂的需求。

在新的移动生态下，无论是简化用户获取信息的方式，降低获取信息的成本，获取到更好的内容，还是用人工智能的技术来做家庭失散人群的团圆，模拟老兵战友的声音，这都是希望能够给社会带来更好的、更积极的作用，都是运用科技力量做更多的事，让用户有更好的生活。

对 话 沈 抖

李小萌：百度的基因是不是搜索引擎？以前的百度是一个专卖店，现在有

---

① Feeds：信息流，是社交媒体的用户好友动态或者资讯媒体和视听媒体的内容流。

点像一个百货公司。怎么理解百度现在做的业务拓展？这个基因是不是在发生改变？

沈抖：很多时候我们认为企业是有基因的，但我倒是觉得企业的弹性是比较大的。因为人和其他物种不一样——其他物种是基因决定，生命结构使得它们不太具有可塑性，但是人本身具有比较强的可塑性。除此之外，人是群体动物，很多的时候要靠一个组织完成全能运动。这个时候，越是心态开放、愿意接受挑战、愿意改变的人，他们在不同环境和不同背景下，更能做出更大更好的事业来。

从一个聚焦点出发，这点对很多创新企业来讲绝对正确，因为任何时候我们的资源和力量都是有限的。要击穿一个事物必须聚焦，才能产生足够大的压强，才能击穿。但企业规模到一定程度，发展成为一个平台后，像百度 App 每天两亿 DAU①的情况下，这时用户的需求是非常多元化的。这种情况下，一方面没法聚焦在一件事情上；另一方面，更需要通过平台的方式来提供基础设施，使得第三方的生态合作伙伴能来这里共同创造一个好的生态。我们通常只是提供一个平台和一个分发的场景，达成连接通路去满足用户需求。

李小萌：我手机上用得最多的百度产品是百度地图、百度网盘，如果手机自带浏览器能解决我们的搜索需求，为什么我还要下一个 App？

沈抖：我觉得这是搜索能力进化的不同阶段。搜索的作用如果只是在输入问题的时候，我们把十个链接放上去让用户自行挑选，这种能力是作为搜索引擎的基本能力，通过其他浏览器访问完全可以。但在这基础能力之上，我们想进一步丰富，进一步帮助用户获得更好体验。比如语音输入，让我在问问题的时候，不需要打字。此外还包括图像识别功能、智能小程序等，这些能力都是手机自带浏览器底层能力难以支持、也无法为用户提供闭环的服务。

李小萌：要不要把这些产品的新功能不断地往上叠加，在决策的时候有经过非常激烈的讨论吗？

沈抖：任何一个产品承载的内容、功能有限，整个 App 画面也是有限的，底部的那几个按钮到底连接什么内容，都需要长时间的策划决定。首先要从产品理念出发决定要加什么、不应该加什么；其次还要从数据上来看加上这块内容以后用户是否喜欢。百度 App 中间的语音按钮，刚开始的用户规模并不大，但我们觉得随着语音识别能力的提升，随着用户获取信息成本降低的需求提

---

① DAU：日活跃用户数量（daily active user）。常用于反映网站、互联网应用或网络游戏的运营情况。

升，一定会变得更加重要，于是就坚持放在那里。现在有越来越多的用户在用语音按钮，所以这个决策是正确的。不过尽管有一套方法论在，决策的正误还是需要不断尝试去验证。

提问者：百度除了在小程序之外还有些什么创新领域？

沈抖：百度在 2014 年左右就提出要做小程序这样的直达号，目的是要解决搜索的问题，怎么能够让搜索不仅满足用户的信息获取需求，还可以实现用户服务的完成，成为闭环的连接。当时所有人都想把自己的 App 做大，并不想到一个平台上做小程序，百度的直达号并没做起来。因此到 2018 年开始做小程序的时候，并不是复制微信的做法，更多的是实现搜索的本质——解答用户疑问并完成服务，我们要用合适的载体去帮助用户实现目的，所以就重新恢复了小程序的功能，我认为这是对搜索引擎质的改变。

原来百度只是一个提供信息的开放平台，到现在是真的帮助用户完成需求闭环，这件事本身就是一次足够大的搜索引擎的升级。我们同时也在做很多其他的工作，包括好看视频和百家号等，都是在内容方面做的一些探索。

李小萌：百度在收入方面有没有像产品扩张一样，达到相应正比的扩张？

沈抖：从数据上来看，确实有比较大的正向帮助，包括刚才说的小程序的例子。一旦切换成小程序后，用户的停留时长、转化效率都会大幅度变高，对企业来讲盈利能力就会变强，就愿意付给百度更多的钱，使得这个业务进一步成长，所以会增加广告方面的收入。此外，当我们有了连接能力和提供闭环的能力以后，归根到底是为了把用户服务好，在这个前提下，我们就可以不完全依赖广告，而是可以进入交易环节。但现阶段我们最主要的关注点还是去用新的搜索的能力去吸引用户，变现只是时间问题。

李小萌：百度以前只是一个搜索引擎，依靠搜索广告等商业模式，由于技术和产品的多样和拓展上的改变是否使得百度盈利模式也在发生改变？

沈抖：任何企业都有自己的商业模式，纯搜索的商业模式确实是一种广告驱动的商业模式。但那时，我认为广告不能站在流量的角度来看。其实很多时候我们都说有流量就有价值，流量是广告成立的前提。但实际上一个用户的需求是有一个决策周期和满足周期的。之前很多时候我们靠流量来变现，用户每一次搜索对百度而言就是一次流量，但用户的目的是什么？只要用户的生命周期没有完成，百度的使命就不应该结束，我们就应在这个基础上不断提供帮助，帮助商家和用户之间建立更友好的连接。在这个过程中自然而然就创造了社会价值，只要有社会价值，企业获利就是自然而然的事情。

李小萌：前一段时间有一款针对未成年人的搜索引擎发布，它的优势和特点是屏蔽掉不适合未成年人的信息。搜索引擎作为媒体应具有中立的价值观，那什么是搜索引擎该有的职业道德？是进行有目的的筛选和选择，还是说只是做一个技术型的平台，剩下的由用户决定？

沈抖：技术本身是人在应用，人有没有自己的判断和价值观决定了技术最后发挥的作用。对于百度而言，从出发点来说，我们其实是一直希望能够助人成长，用科技让复杂的世界更简单。但是现实是很残酷的，比如一些网站黑客的存在，以及对用户信息的盗用问题，我们也在不断打击这些行为，但因为黑客对网络漏洞的利用，百度目前也只能用举报的方式不断地做着对抗。作为搜索引擎，本质上是有价值观的，都是希望被这个社会更广泛地接受，而不愿意被这个社会更广泛地挑战，但在实际执行上有时候有比较大的难度。

李小萌：大是大非面前做选择不难，难的是模棱两可之间做选择。如果企业的价值观愿景清晰了，做选择是否就相对容易？

沈抖：对，价值观的最大作用就在于，什么能做什么不能做，什么该做什么不该做，这就是判断时非常重要的标准。企业价值观在百度内部是非常清晰的，并且在坚定地执行。百度内部价值观叫作简单可依赖，我们做的任何事，都是可以非常简单地让用户使用，同时让用户真的可以依赖，不会出现问题。执行的过程都会有不同的因素影响，所以以清晰的价值观为前提，加上完善的管理才能顺利执行。

李小萌：作为团队领导，如果你的判断和团队的判断发生冲突怎么办？

沈抖：一个领导应该有自己的理念，有自己坚定的判断，但是这不代表一个领导就不能听进别人的意见。管理是非常艺术的一件事，有自己坚定的信念，再加换位思考的品质，站在用户的角度或者站在同事角度出发，很多问题就会豁然开朗，不让认知冲突变成情感冲突。

提问者：现在我们有越来越多的搜索需求要通过其他社交平台实现，比如搜索一个小众 App，这些不同产品的搜索逻辑是什么？

沈抖：互联网发展到今天，对搜索引擎而言必要元素是要有足够的内容才能找出来反馈给用户，如果这些内容获取不到就无法提供搜索服务。因为有部分内容只在一些社交平台里面讨论，并没有在更多的地方曝光出来，我们无法抓取，用户就无法搜索到。小众的内容因为量不够大，就被百度摆到后面了。我相信通用的搜索绝大多数还是百度可以满足的面宽一些，短时间内比较热的话题，百度也会展现在前面。我们关于判断内容时效性从两个因素考虑：第一，较短的时间内有没有较多的人在关注这件事，如果有，这就是一个热门，这是时间上的因素；第二，一段时间内在互联网的网页里，这个词突然变得比原来多，那就是资源上的时效性因素。

搜索引擎每天面临的都是一些长尾内容，80%的查询词可能一天被问到的次数都不超过三次，这种情况下确实就需要解决长尾需求。比如有时候我们问一款车前灯怎么换，可能需要换灯的，甚至开这款车的都没有几个人，这个时候就需要搜索引擎做很多技术支持，有可能在一个文章里讲相关的信息，通过机器学习和人工智能做泛化去提供内容。所以搜索引擎最大的价值就在于长尾价值，如果都是头部搜索词，那不用搜索引擎也可以。

提问者：搜索是为了快速获取一些精准信息，信息流的推荐机制是为了获得注意力增加用户时长。当搜索和信息流这种泛阅读的方式结合在一块，会不会导致搜索效率的降低？

沈抖：我不是这么认为。搜索也好，信息流也好，从根本上是满足用户的信息需求，只是一个是主动的，一个是被动的。但是从用户需求角度来讲，两种方式是从不同的维度、在不同的时间点切入的，最终还是为了帮助用户获取信息、解决问题，然后有所成长。一些搜索里也有大量的用户来搜索娱乐、小说、游戏等内容，这是主动发起的需求。这种需求被百度所了解之后，百度可以在理解用户的前提下，给他们推更多相关的内容，甚至可以拓宽视野。搜索是用户有了一部分信息以后然后来进一步深入探讨的一种方式，而信息流是在更模糊的前提下去拓展新知识的一种有效方法。我们把这叫作"双引擎"，一个是"人找信息"，一个是"信息找人"，所以两者有共同的基础，都是要提供好的内容，然后进行精准的匹配。

提问者：什么是好内容？如何保证优质流量能扶持到优质的内容？

沈抖：好的内容肯定是有洞察、有启发性，同时也有趣，能够让用户很好消化并有所收获，最终还是要能够帮到人、成就人，这可能是好内容的标准。好的内容不是一时的好玩，只是内容表现形式需要好的呈现方式、好的载体，以及好的叙事方法传播出去。

百家号：不同的内容时效性是不一样的，尤其是一些知识性的内容和深度的内容，价值周期很长。百度有没有在对这种长期内容和长尾流量的导入上有一些自己的机制？

沈抖：有，实际上搜索是最能发现长期有效价值的工具。另外从信息分发的角度来看，确实是时效性的内容更多一些，但是对于知识类的、长期有效的这些内容，我们会延长它的生命周期。如果持续分发、持续有效、持续地获得用户的注意，那内容生命周期就会持续地延长。我觉得如果说有一家公司能把这方面做得很好，那就是百度。

提问者： 在信息流的推荐机制之下，到底谁应该为这个用户的内容体验负责？是平台，还是站长，还是用户自己？

沈抖： 任何时候都是平台。即使是在 PC 时代搜索的时候，如果说百度这个搜索引擎还不能给用户呈现好的内容，不能把好的内容识别出来给用户，那本来就是一个平台的失职。作为一个平台分发的时候，一定要起主导作用，并且也要有一定的平衡，走到极端肯定是"必死无疑"。

百家号： 在构建平台流量生态的过程中，如果是基于算法推荐这种"投喂"策略，如何避免被大众趣味裹挟的问题，而持续保证优质的内容生态？

沈抖： 信息"投喂"的策略本身是一种"信息茧房"。你喜欢什么，我给你什么，时间长了以后，就发现你只能看到自己喜欢的东西，就出现了所谓的这种"投喂"策略。在这个过程中，很多能够抓住用户眼球、产生短时间兴奋感的通常不是深度文章。所以如果完全按照这种策略去做，整个推荐就会偏离，就会导致信息茧房。因此要考虑长期最优和短期优化的问题。从长期的角度来讲，间歇性的刺激更容易让人上瘾，如果我们持续给用户一些抓眼球的内容，时间长了也就索然无味了。所以无论是对平台还是用户而言，从长期的角度出发，还是应去给用户更合理的设计，要满足兴趣所在，同时要不断去帮助他探索新的领域。平台设计的时候要有这个意识，不是为了短期利益，不是为了让用户获得一时兴奋。

沈抖，博士，现任百度集团执行副总裁，全面负责百度移动生态事业群组工作。2014 年入选"北京市海外高层次人才""北京市特聘专家"。2012 年加入百度，曾担任网页搜索部高级总监、金融服务事业群组 CTO。2017 年晋升为百度公司副总裁，负责百度 App 和信息流等业务。2019 年晋升为集团执行副总裁。在加入百度前，曾在微软总部担任研究员，后创办 Buzz labs 公司，先后在国际学术会议和期刊上发表 40 多篇论文。

（整理者：徐嘉欣）

芒果 TV 方菲：打赢新旧媒体的生死之战

方 菲

芒果 TV 副总裁

2019 年对于芒果 TV 来说是发展势头很好的一年，总收入超过 80 亿元，盈利连续三年增长，成为十几年来中国视频行业史上唯一一家连续三年盈利的长视频媒体，市值一度突破 620 亿元。根据艾瑞数据，2019 年芒果 TV 用户数增长了超过 40%。依靠着芒果 TV 在新媒体方面的强劲增长，抵消了传统电视业务的下降，让湖南广电成为全国唯一一个营收没有衰退的广电集团。有人问芒果 TV 成功的秘诀是什么，我认为芒果 TV 还远远没有做到成功，但是历经五年交了数亿元学费后，芒果 TV 确实领会到一些有关媒体融合的心得。

媒体融合是新旧媒体的生死之战

视频媒体的三个时代

要想理解视频媒体融合，首先需要理解视频媒体的前世今生。根据视频内容的生产、分发和商业化的特征，可以把过去二十年划分为三个时代，分别为线性播出时代、点播分发时代以及人工智能分发时代。

线性播出时代是从 2000 年开始的电视最黄金的十年，也是电视一统江湖的年代。电视占据了市场上 70% 以上的广告份额，垄断了渠道、内容，同时也是广电人最好的时代。点播分发时代是随着视频时移技术的出现，以及 4G 和智能手机的普及，带来了用户视频消费习惯的重大变化，海量视频网站涌现，传统广电内容和渠道垄断权开始丢失。人工智能分发时代则是指以结构化视频技术以及用户社交关系行为特征为基础，以产生的大数据分发为核心的新时代。这个时代从 2017 年才刚刚开始，但已经能够看到一些改变视频行业权力结构的公司和产品出现，比如现在炙手可热的抖音。

这三个时代都因为技术的革新带来了内容生产、内容分发和内容商业化的根本性变革。而每一次变革都伴随着用户习惯的大幅度变化，一大批传统媒体"湮灭"，并催生出新的媒体权力核心，媒体融合的本质就是旧的媒体和新的媒体权力斗争从和缓到激烈的过程。相对较老的媒体或自我变革更新成为新的媒体，或故步自封最终被新媒体消灭，交出它的用户影响力和全部的商业收益。中央宣传部黄坤明部长说过，"媒体融合是一场不容回避的自我革命"，这是对这个行业简洁而深刻的洞察。

没有勇气的智慧毫无价值

媒体融合革命是一场新老媒体的生死之战，无论中外都是如此。作为全球第一的传媒集团迪士尼也十分迫切地想要学习新媒体化的经验，现在的 Disney + 正在重走芒果 TV 当年的征程。其实迪士尼正处于他们最好的一年，2019 年整体收入达到了 500 多亿美元，收购 21 世纪福克斯集团，拿到了 Hulu 的控制权，上线了 Disney +，股价也因此被推升到了历史新高点，总裁罗伯特·艾格被时代周刊评选为今年的年度人物。但巅峰之上，必有隐忧，奈飞就是迪士尼目前最大的竞争对手之一。

奈飞在五年前只是一个相对较小的视频网站，在多年以前甚至只是一个租光盘的平台。但是从五年前开始，奈飞自创了一系列流行的内容，比如《纸牌屋》《毒枭》等。这家公司每年都以极高的价格向好莱坞六大集团购买他们的版权。在这五年里，它的视频智能算法做到了世界第一，占据了 70% 的美国流媒体市场，并获得了比美国市场更大的国际市场。从 2018 年开始，奈飞逐渐挖空好莱坞，从 21 世纪福克斯和迪士尼分别挖走了《实习医生格蕾》制作人桑德·莱姆斯（Shonda Rhimes）和《美国犯罪故事》制片人瑞恩·墨菲（Ryan Murphy），开出的价码达到了 3 亿美元，同时开始大幅压低迪士尼及五大广播电视网的版权价格。

因此，在 2018 年 21 世纪福克斯的掌舵者、传奇媒体人默多克和迪士尼总裁罗伯特·艾格会面后，做出了并购的历史决定。2019 年 11 月，Disney + 上线，这就是属于好莱坞的"复仇者联盟"。Disney + 和奈飞终极战争的结果将决定整个好莱坞的命运。在我们和迪士尼的高层会议上，我们提出了一个问题，为了这场和奈飞的战争，他们准备亏多久。迪士尼的高层笑着跟我们说，他们更愿意称这个叫作战略投入，并且已经做好了五年巨大战略投入的准备。他们为了打赢这场仗，将不计代价。

在中国，这场战争打得更早一些。早在 2014 年可口可乐给到湖南经视的广告预算就开始减半，而且中国有一半省份的地面电视台广告预算都被客户砍掉了。在广告主总营销预算没有减少的情况下，原本属于电视台的预算大多流入了视频网站。我当时仔细研究了视频媒体的广告代理政策，当时湖南卫视和地面频道给到代理公司的广告返点是不到十个点，而视频网站给出的则是超过40%。

于是在湖南广电内部便提出了"湖南广电的最大的敌人不是四大卫视，而是在看不到的地方正在不断成长，削弱你、准备给你致命一击的视频网站"的观点。其实当时对于整个湖南广电来说也是最好的时候。湖南卫视的收入处于高速增长期，广告营收即将突破 100 亿元，地面频道的收入达到两三亿也没有问题。因此，对于要不要做视频网站这一问题在湖南台内引起了激烈的讨论，反对的声浪也很大，尤其是在我们广电内部话语权非常大的制作人当中。很多人认为，我们从原来的出售新媒体版权一年有十多亿元收入，到做新媒体每年可能要承担数亿的亏损，一来二去就会产生二十亿元的收入损失，这个责任由谁来扛？另一方面，我们自制的节目不出售以后，会造成节目在互联网传播渠道上的阻塞，让节目在宣发传播上处于劣势。

媒体融合的黄金机会点出现在传统媒体鼎盛的时候，绝不是开始显著下滑的时候，当全公司上下都举手投票要进行新媒体转型的时候，其实媒体融合的窗户已经关上了。所以对于所有传统媒体，尤其是国有体制的媒体来说，能否成功考验的是核心领导层的长期的智慧、勇气还有愿景，这三者缺一不可。所有湖南广电的年轻一代都应该感谢我们的领导层，是他们面对着重大的质疑，顶着年亏损二十亿元的巨大压力，做出了要做芒果 TV 的决策。

洛克菲勒曾经说过，"没有勇气的智慧毫无价值"。面对媒体融合的巨大自我变革，需要的是领导层高瞻远瞩的智慧，更需要的是一往无前、破釜沉舟的勇气。这种勇气只可能来自内心深处，来自愿景和情怀。因为做出这个决定所获取的利益可能和付出的风险是完全不成正比的。

视频行业竞争的本质是效率之争

芒果 TV 在媒体融合的战场上已经打了五年，当我五年前刚来到芒果 TV 时，它在不同的榜单上都位于第八到第十左右。而且由于我们当时也在同时卖部分版权，很多人都说我们不是来打仗的，而是来卖军火的。但五年来，我们见证和经历了长视频行业的风风雨雨，最终到了第四的位置。现在市场上认可我们的资本越来越多，不是因为觉得芒果 TV 运气比较好，而是我们对于互联网视频工业的理解正在被越来越多的人所接受。

从 2010 年开始中国视频行业到底是内容为王还是渠道为王的争论延续了多年，现在暂时是内容为王又占据了上风。奈飞总裁曾经提出过"我们最大的竞争对手是用户的睡眠时间"的观点，一方面表达奈飞对自己的超级自信，另一方面也点明了视频行业竞争的本质，其实就是用户时间的竞争。而对于用户时间的竞争，竞争对手不仅是各大视频网站，还有手机里的其他 App，比如游戏、短视频等，以及传统电视业务甚至线下游乐场也是我们的竞争对手。

视频行业竞争的本质是效率之争，而非规模竞争，最终比拼的是组织内容生产、内容分发和商业化能力的效率，终极目标是平台在创造内容、覆盖用户不断增长的情况下，获取最大化的正向现金流。好的商业模式是维持二者的微妙平衡，无论是不计成本巨额亏损换取用户增长还是收缩规模求得利润增长都是不可持续的。

有很多人会说亚马逊也是一直亏损的，但其实并不一样。亚马逊如果要盈利的话，其实随时可以盈利，他们可以在不伤害业务根基的情况下，轻松通过减少赛道数量而产生盈利。但如果在你的商业模式中，用户增长是以巨额亏损为前提才能做到的，或者说你无论如何都做不到盈利的时候，你的商业模式跑得越快，就会越危险，比如共享单车。长期巨额亏损有的时候会给决策层一种错觉，只要把其他人都干掉就能盈利。但很有可能是由于这一商业模式本身不成立或者是运营精细化程度远远不够而造成的巨额亏损。在这种情况下，即使竞争对手都不存在了，也可能无法盈利。

因此获取用户数和正向现金流其实是一道复杂的函数平衡，需要设计一个非常精细化且有效率的数字驱动模式才有可能做到。

芒果 TV 的内容科技革命

芒果 TV 在试图进行媒体融合的过程中，不断地摸索，跳了很多坑，交了十几亿元学费，终于在五年之后找到了自己的终极方向。我们希望成为全中国最好的科技内容公司。可能有人会问，为什么不把自己定义为平台而是内容公司。当然，我们是一家致力于不断扩大规模和影响力的平台，但不会成为像苹果或者 YouTube 那样不做内容的纯平台。芒果 TV 首先是一家价值观公司，我们拥有庞大的内容制作团队，能够创造引领潮流的内容，同时肩负着党中央所赋予的社会主流价值宣传的责任与使命，拥有强大的价值观和倾向性。

对于如何成为一家科技内容公司，我们在过去五年的探索过程中逐渐形成了自己的观点和做法。

为内容创作指明方向

在内容生产阶段我们完成了生产机制的全面革新，尝试将内容生产变得数字化。因此，新生的节目制作中心和平台运营中心一起构成了艺术家和数学家的融合。我们利用智能算法分析和大数据驱动作为底层，创作者的创意和经验为驱动，产生全新的生产模式，这是一种把最新制作工艺、价值观、洞察和大数据结合在一起的使命。

在芒果 TV 平台建立以前，我们的制作人就像被蒙住了双眼的匠人，只能通过自己的直觉判定前路，即使出现了收视率不佳的情况也难以准确锚定问题。但在近两年，制作人一方面可以通过自己的直觉做判断，另一方面更多的则是利用大量的数据做决策。智能算法分析成为制作人的双眼，帮我们看清了前路。

我们在 2018 年到 2019 年连续创作了多部婚姻题材的节目，两部代表作分别为综艺《妻子的浪漫旅行》和电视剧《我们都要好好的》，最后的数据都很喜人。这个选材方向来自我们对战略用户的智能化分析，通过全平台主要用户和社交网络数据比对、语义分析，在以往经常见的评论关键词、明星八卦等词之外，还看到了不太常见的词，这些词语跟婚姻高度相关，包括"逼婚""催婚""不婚"在内；同时我们观察到知乎、贴吧等社区中有非常多的热点话题都是我们的核心用户在讨论，比如"我们该不该离婚""在这种情况下要跟他生孩子吗"等；再结合对宏观数据的洞察，如中国最新的离婚率已经突破40%，我们得出了婚姻题材可能会成为新热点的结论。

在节目选材方面，大数据和人工智能分析已经成为我们非常重要的依据，而在节目的调整上，它们也发挥了相当大的作用。在节目的制作过程当中，芒果 TV 会对用户在不同内容标签的内容所产生的行为进行智能收集和分析，告诉制作人拖拽最多的嘉宾和桥段产生在什么阶段，哪些艺人产生了重复的回拉观看以及短视频的集中点击，并且根据人工智能分析的结果动态地调整艺人的戏份、剪辑的内容以及下次拍摄的剧本。

五年前，通过人工的方式干预内容创新比较容易，因为那个时候用户进化的速度较慢，只要在节目的生命曲线到达顶峰开始下滑时进行创新，经过两到三期后就可以衔接上，体现在节目生命周期的图中是一条平滑的曲线，节目可以一直保持在顶峰。但是近五年来，制作人已经无法准确预测到达峰值的时间，用户进化的速度也越来越快。人工干预只会使得节目热度不断爬坡后下跌、再爬坡后再下跌，总体热度不断下滑。

在这种情况下，基于人工智能的数据分析可以从数千万用户的复杂行为中分析、提取制作人所需要的相关意向，为内容的创作指明方向，这是传统数据分析和洞察所难以做到的，更是制片人们凭借自己的创作直觉无法企及的。

智能算法分发内容

关于内容分发，可能很多人都认为把节目发布到网上就可以了，但其中其实是有门道的。早在 2017 年我们开始做人工智能改版的时候，在站内看到一个数据，百思不得其解：芒果 TV 每天有 20% 的用户进了站，但是什么视频都没有看就离开了。后来我看到奈飞的一篇关于人工智能算法分析的论文中写道："在一个用户进入视频网站前 30 秒到 90 秒的时间里，如果没有找到最想看的内容，那么他就会迅速去干别的事情。"我们现在面临的竞争本质就是对用户时间的竞争，所以智能算法分析分发非常重要。区别于传统媒体，我们面对的是每天几千万的用户，没有办法把上百万小时的节目一次性展现给他们。因此就需要准确地找到每个用户最喜欢的内容，这只能通过智能算法来实现。

如果说时移播放技术是动摇电视霸权的革命性技术，那么人工智能分发技术则是真正摧毁线性播出的决定性力量。结构化视频技术是视频行业人工智能的底层技术之一。视频结构化是一种视频内容信息提取的技术，对视频内容按照语义关系，采用时空分割、特征提取、对象识别等处理手段，组织成可供计算机和人理解的文本信息的技术。简单地说，是会把数据库里数以亿计的视频，根据每一帧的视频内容进行结构化拆分，并打上对应标签。当用户在观看视频的时候，后台会收集其观看视频的标签，同时记录观看、拉拽、点赞等不同行为，通过这些记录对用户进行深度学习，作为后续所有人工智能分发的基础。

从 2018 年初开始，芒果 TV 由原来的人工编辑分发向人工智能分发和编辑推荐结合的战略方式改变，第一版人工智能算法上线，人均 VV（Video View）提升 20%，人均观察时长超过了 6.08%，首页点击转化率提升了 50%。在未来，每天五千万芒果 TV 用户可能看到的是针对他们由智能算法生成的上千万个不同的首页。

C 端的商业化最有效

在视频行业广告普遍下滑的情况下，芒果 TV 2019 年的广告营收保持了 40% 的增长，最大的秘诀是做追求效果的最佳品牌媒体。

公司内部要求，只要客户要求并且愿意付出合适价格的事情都可以尝试。所以芒果 TV 的广告业务团队可以帮客户签代言人，比如说 2019 年代签了郭碧婷和向佐，2018 年签了谢娜做代言人；做线下活动，开展网红带货。我们的最高追求是把芒果 TV 的 IP 最大化地嵌入销售体系中。站在未来战略角度来说，C 端的商业化才是最有效的。

在没有芒果 TV 以前，广告一直是湖南广电的支柱性收入。但在互联网时代，我一直觉得广告不是一个特别优秀的商业模式。假设有一位优质的用户，就算每天让他看价值 100 元广告费的广告，即使是再高质量的广告主，也要看将近 1000 条，把用户累坏了不说，我们也才从他身上挣了 100 元。而在《明星大侦探》第五季上线的第一周，大侦探衍生品就卖了超过 100 万元人民币。从后来的数据可以看到，有一些用户为了买到魏公主的盲盒手办，一直买到出了为止。假如你有一个忠诚度非常高，又非常有钱的用户，让他看广告其实是一件不怎么聪明的事情。

尽管从 2017 年到现在，广告依然是芒果 TV 支柱性业务，但我们非常清楚，广告业务的使命其实是将其他的 C 端业务送上王座。我们的广告团队就像是一支御林军，需要在现阶段要覆盖大多数项目的成本，保障它们的启动，为创新孵化的业务和高速成长的业务赢得空间和时间。比如会员订阅业务保持着每年 100% 以上的增长速度，在 2019 年虽然只做到接近 20 亿元，但在未来的 2 ~ 3 年它会取代广告成为第一收入；衍生品业务 2019 年突破了 1000 万元，在每年以 300% ~ 500% 的速度增长，足以让我们期待未来它们和即将启动的线下乐园业务一起成为集团新的支柱性业务。

企业价值观的驱动

价值观对于企业的驱动作用是巨大的。2015 年我来到芒果 TV 时，广告营销中心只有 60 多个人，现在已经有 265 人，但是当时和我共事的同事大约只有十个人还留在广告营销中心。离开的同事中有一些是被调到别的部门去了，但大多数其实是在企业发展的过程当中因为价值观不合，或者无法做到需要的增长数字而被淘汰了，我们通过极高的增长数字留下了适合的人。超长的工作时间、极大的数字压力还有超过行业水平、远超地区水平的收入，这是芒果 TV 员工的现状。因此只有符合我们价值观的人才能在这样的环境下爆发出最强的战斗力。

五年来，芒果 TV 从内容创作到企业文化都逐渐形成了一种独特的价值观。

不创新，毋宁死

这句话看上去是一句口号，但其实我们将它真实地融入公司管理的各项制度当中。对节目内容的创新来说，创新内容的绩效系数是旧节目的两倍，也就是说在成本和流量都相同的情况下，做新节目的团队将会比做旧节目第二、第三季的团队奖金高两倍。因此，在嘻哈爆火的 2018 年，我们没做街舞和潮流文化，而是做了情感观察类真人秀。

对立项制度的创新来说，在 2019 年的预算制定中，规定了只有广告费用覆盖超过 70% 成本的项目才能立项。但后来发现，很多制作人首先不去想怎样才能做出有引领性、创新性和先锋性的内容，不去想如何通过创意和技术带给用户独特的体现，而是在想要如何才能让客户买单。于是我们迅速做出了调整，每年从总的内容预算中划出 20% 用于创新性节目的立项。只要内容足够有创新性，就可以不再受制于必须广告覆盖 70% 的成本才能立项的规定。

对于方法论的创新来说，我们认为要用新的方法论来做新的事情。在芒果 TV，最好不要说的一句话是"根据我过去的经验和数字，这个增长率是做不到的。"因为这种时候 leader 就会说，"我当然知道过去的方法达不到这个增长数字，所以我要你用新的方法论来做这件事情。如果你只会用原来的方法，那么我会去找一个会用新的方法的人。"经验可以成为财富，但不能成为窠臼。

从现实中看见好时光

罗曼·罗兰曾经说过："世界上只有一种真正的英雄主义就是认清了生活的真相后还依然热爱它。"我把它称之为现实浪漫主义。在内容创作选材上，芒果 TV 会用更接近现实的方法来选择，比如《妻子的浪漫旅行 2》中，谢娜在最开始就聊到了出轨的问题；再比如《我们都要好好的》中，故事开始男女主角就要离婚了。近年来中国离婚率以及不婚率的飙升真实地存在于每个人身边。所以芒果TV在内容选材时一定不会避开这些话题。但是在创作故事和引导内容时，却不会向用户传达诸如"丧偶式婚姻"就是爱情的归宿这样的价值观。

2019年韩国有一部电影叫作《寄生虫》，这部作品在整个湖南广电包括芒果TV内部制作人中非常受欢迎。从创作角度来说这是一部非常优秀的韩国现实作品，但是芒果TV绝对不会去做这样的作品，因为它给用户带来的是绝望，而非希望。

我们希望依然沿袭过去"快乐中国"的战略，所以还是会创作很多轻松不费脑的内容。但我们也深知，伴随着湖南卫视长大的80后、90后已经快速地成熟起来，并且发现很多事情随着年龄的增长终究是必须面对的。每天追星和看剧解决不了现实生活中高居不下的离婚率、难以承受的高昂的补课费和社会阶级的固化等。于是他们开始思考社会公平和人生价值的问题，有了更高的审美和情怀，我们也需要去满足他们。我们希望去揭示现实，但让大家依然热爱生活，乐观向上、希望、快乐仍是创作的主基调。这些价值观在2020年创作的作品中会得到深刻的体现。

青春自有答案

"青春自有答案"说的是对于年轻人的信任。在QuestMobile2019年公布的数据中，覆盖Z世代用户数最多的长视频网站是芒果TV，而非B站。我们是青年文化的倡导者，是潮流的引导者，太多的网络用词都起源于我们的作品当中。正因为如此，我们才更需要相信年轻人、重用年轻人。

芒果TV是唯一一家会给90后8000万元以上预算去做头部内容的媒体。我们的台长在一次会议上曾说过，"如果一个年轻人不管你给他什么难度的项目，每次都能打90分、100分，那要你担什么责呢？为年轻人担责是你明知道这个人可能是60分也有可能是120分时，依然愿意给他机会，为他承担风险。你可以用经验和资源最大化地帮他规避风险，帮他最终取得成功。"所以在芒果TV，所有的年轻人都能得到机会，我们认为结果很重要，但是更加注重过程。公司能够理解年轻人在所有过程当中都已经尽了全力、没有瑕疵，但结果依然不好的情况。这种时候更应该给年轻人保护，为年轻人担责。

就像电影《左耳》里所说的那样，"爱对了，是爱情；爱错了，是青春"。青春本来就是会犯错的，创新永远拥有高昂的成本，但湖南广电非常尊重敢于冒着巨大失败风险去创新的人，因为这就是湖南广电二十年的缩影。

在没有钱、没有政策、没有资源的情况下，靠着不创新、毋宁死的狠劲，靠着对青年坚定不移的支持，靠着对内容、对生活真实的热爱，做出了《快乐大本营》《还珠格格》《明星大侦探》，影响着一代又一代的年轻人，这种价值观是湖南广电、芒果 TV 的精神和灵魂，也是我们最终能够完成媒体融合，实现互联网转型的终极支持。

对 话 方 菲

赵音奇：您说到最好的时候也是最危险的时候，也同时提到现在是芒果 TV 的市值峰值，请问现在摆在芒果 TV 面前最大的危险是什么？

方菲：现在肯定不是芒果 TV 最好的时候，未来一定会更好。对于我们来说，也看到非常多的隐忧。首先现在整体经济下行压力非常大，市场上广告客户预算收紧。监管风险正在加大，如何把握主流宣传价值和商业化的平衡会成为越来越重要的课题，做不到的内容公司会面临很大的风险。还有，在国企体制下，核心领导层的收入和市场化媒体的收入差距非常大，但是决策的压力和风险是同样的，这样也会让我们面对人才流失的风险，包括像央视和其他媒体，有很多非常好的制作和管理人员流到新媒体。另外，在规模上芒果 TV 一定要在未来取得进一步增长。以前在内容战场很大、我们体量还没有那么大的时候，BAT 不会把我们当作最主要的竞争，但是今天的 BAT 会把我们当作主流竞争对手对待，会受到更多的压迫。

赵音奇：颠覆式创新或者说革自己的命，除了智慧和勇气还有什么方法论？

方菲：从制度上来说有方法论，但是这种方法论不是每个企业都能做到的。这个方法论就是永远要建立一个容忍浪费的创新矩阵。比如说欧莱雅，2019 年是他们 20 年来在中国的生意最好的时候。欧莱雅旗下现在在赚钱的牌子，在五到十年以前全部都是赔钱货，有些是勉强维持，有些是亏损。但是欧莱雅一直以来坚持在中国市场上做，没有把它撤出来。当中国走到消费升级的今天的时候，这些品牌成为欧莱雅的支柱业务，当年赚钱的那些品牌到今天反而不赚钱了。因为市场是不断变化的，必须在业务看上去不那么有吸引力、没有那么高 ROI 的时候，就去启动那个业务，建立矩阵，可能有一天它就跑到风口了。

赵音奇：芒果TV对自己的定位是一家科技内容公司，这个定位跟腾讯、优酷、爱奇艺本质来说有什么不同地方吗？

方菲：互联网公司更多的定位是平台。但是芒果TV是有鲜明的风格和调性的，我们有自己坚持的价值观，快乐、向上、正直、勇敢等等。对于市场上的制作团队，我们不会说只要你的质量好，什么内容都会要，如果内容走灰暗风格、走悲惨路线，可能就不会要。即使它确实是很好的作品，但跟平台定位和调性是不符合的。

提问者：芒果TV在和爱奇艺、优酷、腾讯视频的竞争当中有什么独特优势，突破和创新的方向是什么？

方菲：最大的核心优势是自制内容团队，因为内容都是自己创作的。像湖南卫视一共拥有31支自制团队，芒果TV有19支团队，加起来每年产生综艺加电视剧内容超过一百部。这与阿里投一百部有本质的区别，因为是自制，我们对于整个环节不管是商业化还是品控都有非常大的优势。

赵音奇：芒果TV为什么可以比B站更击中Z世代的受众？

方菲：首先，芒果TV整体的体量较大，从营收体量和业务体量来说，芒果TV比B站高。因为我们拥有较大的业务体量，所以内容生产量也比B站大。有更多内容，自然可以覆盖到更多的用户。再者，我们的变现手段较为丰富。B站现在的支柱营收是游戏，而芒果TV则是复合多元型收入，且在不断地快速增长中。

赵音奇：你们会把抖音和快手视作竞争对手吗？

方菲：从范畴上来说，不仅仅是抖音、快手，包括腾讯互娱、网易游戏都是我们的竞争对手。但是我们不可能在别人擅长的战场上，而且在后发的情况下去击败它。我们做的是自己最擅长的事情，用最有优势的方法来抢夺用户的时间。所以我们依然会专注在内容上，通过内容争取更多的用户时间。

赵音奇：短视频的出现对于长视频来说是不是一种颠覆？有没有取代长视频的可能？

方菲：我认为短视频的出现对长视频并不是一种颠覆。新旧媒体取代的过程是新的媒体慢慢地抢走旧的媒体的用户、收入和人才，但是短视频和长视频在这三点上都不太符合。第一，看综艺和电视剧的需求在电视时代就一直存在，现在只是在不同的介质上看。以前可能在电视机上看，后来在PC端的视频网站上看，现在从手机上看，可能未来从OTT上看、从VR上看，长视频这种内容形式是一直存在的。而短视频做的不是这个，它既不是电视剧也不是综艺，所以是取代不了长视频的。我相信也不会有太多的年轻人说，整天刷抖音就可以了，不看综艺和电视剧。长视频的消费需求是不会被取代的，从用户上来说，没有那么直接的冲突。当然，如果短视频平台要做长视频这是另外一回事。第二，从收入来看，长视频的几项核心收入，包括衍生品、订阅会员、广告等，唯有广告是跟短视频高度重合的。像抖音的核心收入是广告，但是长视频平台与其重合的部分仅仅是效果广告的部分。而芒果 TV 百分之七八十的收入是来自内容营销广告，这部分广告预算跟效果广告根本就不放在一起，所以也不存在抖音会从长视频平台抢走很多预算的说法。第三，从人才来说也是这样，在抖音和头条集团决定做长视频之前，湖南广电没有任何一个人流入到头条团队，这是由于业务生态而决定的，如果不做长视频的话，就不需要我们这个体系的人才。

赵音奇：芒果 TV 的下一站会进军短视频赛道吗？

方菲：长视频和短视频还是有非常大的不同。我们认为长视频是价值观的输出，是讲故事的工具；短视频从内涵上来说更像是可以带来短频、快刺激的小游戏，所以我们不太会去把短视频当作战略业务。芒果 TV 是有短视频业务的，比如"有料""茄子"。不过我们的目标是通过这些短视频选拔出优秀 UGC 制作者，看他们是否有潜力成为未来中国顶级的制作人。

提问者：芒果 TV 在国际化的发展是怎么样的？

方菲：在 2019 年芒果 TV 三大战略核心中有一点就是国际化。芒果 TV 国际在 2018 年下半年刚开始的时候日活用户非常少，大概一万到两万人，经过 2019 年重点对它进行战略培育以后，芒果 TV 国际现在在全球已经有一百万的日活跃用户，总下载用户量超过两千万，已经是一个比较大的 App。国际化的战略一定是未来会坚持走的战略方向，一方面整个中央宣传部和国家广播电视总局提出文化自信走出去，这和文化输出方向是一致的。另一方面对于我们来说，也发现国际市场是一个金矿。现在国内市场只有 3% 的用户增长，但是在东南亚、澳大利亚，用户是在高速增长的。虽然会面对像奈飞这样非常强劲的竞争对手，但是国际视频市场发展潜力和用户红利要大很多，我们会坚持这个战略方向的投入和发展。

提问者：芒果 TV 在国际化的内容生产上有什么规划？

方菲：现在基本上还是做比较容易的市场，比如说东南亚地区、新加坡、印度尼西亚、越南等。这些地方的人口红利非常大，视频网站的格局也没有形成，而且还非常喜欢中国文化。前几年越南翻拍了《还珠格格》《宫》等影视剧，这些剧在那边只要有字幕，收视率一定是名列前茅的。目前在这些区域首先投放中国版的内容，并提供一些字幕。当然也在跟当地制作公司讨论合作进行本地化内容的可能，希望通过本地化的内容去扩大当地生产力和市场份额。我们在跟奈飞交流的过程中，他们提到，要做到全球化就要做到本土化。只有跟当地的演员和价值观做到融合之后，才能真正说清楚想说的。

方菲，芒果TV副总裁，分管平台运营和广告营销。英国拉夫堡大学市场营销与管理学硕士。历任湖南电视台广告营销管理中心经视广告部策划总监，芒果TV广告营销中心整合营销部高级总监。一直致力于内容营销体系的数据化建设，以及内容生产工业与技术体系的交融。

（整理者：周婉卿）

优酷郑蔚：破局内容"寒冬"
需要创新与执着

郑　蔚

阿里巴巴文化娱乐集团大优酷事业群原副总裁

现阶段是一场商业的"寒冬"，企业之间要相互抱团取暖，才能找到好的破局方法，在寒冷的时代里也能诞生出好的作品。除了"寒冬"之外，我认为还有两个关键词，分别是"创新"与"执着"。创新很重要，因为越是在严寒时刻，人们越容易变得保守。内容行业如果没有创新，就不会有未来。所有的东西都是"创"出来的。此外，尽管很难面对和承认，但事实上长视频行业快要或者说已经成为传统行业了。在这样一个商业条件、商业环境都不太良好的情况下，我们能够坚持下去的唯一理由就是执着。我们对这个行业还有热爱，有自己的梦想。

互联网综艺的挑战才刚刚开始

互联网综艺（简称网综）的变化很大。从 2014 年开始，互联网综艺开始大规模夺取用户的注意力。优酷很早就在这一领域有所发展，比如当年的《大鹏嘚啵嘚》。当时的互联网综艺呈现出低成本、小制作、以尺度博眼球、以尖锐话题博关注的特点。同时期观众的主流欣赏习惯依然是电视，对互联网综艺的感觉只是新鲜、新锐、有新观点。

发展至今，我认为《奇葩说》是互联网综艺的标志性产品，也是电视综艺进入互联网综艺的旗帜性作品。首要原因在于《奇葩说》是互联网综艺的第一次完全"霸屏"，完全夺取了大家的注意力。但它的取胜并不依赖于大制作，而在于价值观。它找到了年轻用户的关注点和痛点，又通过非常精巧的节目方式表达出了年轻人的感知。《奇葩说》的主题，反映出了年轻人的迷惘与困惑。节目给了他们一个共同寻找问题答案的机会。这就是《奇葩说》具有

27

强呼应性，能与年轻人形成紧密纽带关系的原因所在。

自《奇葩说》后，2015 年开始，互联网综艺蓬勃发展，数量呈井喷式上升。此外，互联网综艺的品质也大幅提升。我们曾经调研过一部分年轻用户，发现他们除了韩国原版综艺外，收看的基本上是互联网综艺。可以说，互联网综艺和今天的年轻人已紧紧站在一起。

2019 年是网综发展至今压力最大的一年。整个综艺市场处于流量下行的阶段，对比 2018 年流量，2019 年第三季度开始出现了较大的衰退。大量市场预算和时间占比都流向了短视频平台，网综的广告收入也受到严重挤压，整体综艺品牌广告招商收入，2019 年也有一定的同比衰退。

挑战才刚刚开始，有人说 2019 年是前五年最差的一年，更有人说今年是未来五年最好的一年。我认为 2019 年面临的挑战，或将持续长达三至五年。这段时间也许是内容行业的一个机会，因为会有很多对市场、资本和内容的泡沫认知被挤破，内容就有可能回归其本质，回归到真正制作的核心价值，而不再是一个主角或者"码盘"的过程。当然，这也同时是一个风险的挑战。如果五年来没有突破和新增长点，我们可能就会沦为过去的中国台湾电视。制作体量越来越小，制作本身愈发粗糙，大家都在商业利益边缘徘徊挣扎，这不是一个好的结果。所以这五年对我们来说尤为重要。

整个综艺流量下行，许多流失的广告收入、市场预算、流量其实都是流向了短视频平台。许多传统媒体都是衰退的，只有短视频的广告是在增长的。综艺市场的用户需求在变化。在互联网泛娱乐消费的时代，短视频的人均使用时长快速增长，但其他类型的都在缩小。创新乏力，也许不是团队的创意能力在衰退，而是市场、整个平台给予创新的宽容度在衰退。对文化行业来说，这不是一个利好的形势，更不是一个让好作品频繁诞生的环境。

尽管选秀依旧是综艺里流量大家选择最多的，但也呈现出了衰退的趋势。新综艺的压力不仅来自流量，也来源于广告商的认知。在寒冬时代，广告的手段会发生很多变化，中间有很多环节可以被挤压，但最重要的是去掉职业经理人心态，真正拿出为自己品牌负责任的态度。

混搭与融合：互联网综艺的创新之路

我们在思索，如何定义赛道，如何选择赛道的宽窄。我们渴望寻求一些方法论，让不确定的内容创作变得有一些确定的帮助和支持。当然，文化产品终其本质是不确定产品，是一个非标品。这是其魅力，也是其商业价值。

又以《奇葩说》为例，《奇葩说 6》为什么能得到大家的欢迎，而《奇葩说 4》和《奇葩说 5》却没能达到预期？虽然这符合品牌的自然成长周期，但对于《奇葩说 6》来说，却是老品牌的新转身，是一场逆袭。从此开始，它又会有几年的生命周期呢？所以在选择赛道的时候，我们也已经开始和韩综一样，考虑创新的问题。

年轻的独立价值体系在今天的年轻人之间形成了圈层文化，同时失去了大而全的规模效应。独立而分化的圈层文化将成为未来代表年轻人的主流，盲目选择"破圈"或者把这种热爱变得大众化，并不见得是非常有效的手段，这时混搭和融合也许是一个很好的方法。

混搭的方式一共有三种，分别是节目类别的混搭、内容元素的融合与垂类节目的大众化。

节目类别的混搭，是通过跨界的方式，让内容的选择范围更广阔，从而获得更多观众的关注。跨界融合之中，能够诞生新的文化价值观与表达方式。面对大圈层的时候要有侧重，不能盲目选择；面对小众专业领域时，也至少要将垂类内容做得足够专业，才能得到基本的尊重和粉丝的认可。若想要"扩圈"，就需要在表达方式之中加上社会性与人性的共通点。

大型真人秀在纯任务游戏形式已无法满足观众后，开始尝试多种节目类别的融合，例如，节目故事化、喜剧化，谈话节目不再局限于棚内，真人秀也不局限于户外。总体呈现跨类别、跨空间的制作趋势。例如韩国的户外真人秀"*Player*"就是混搭模式下的产物。它将情景剧与喜剧竞演相结合，每期节目安排 7 名男艺人依照事先给出的主题参与录制，不仅内容完全无剧本，需要自我发挥，甚至连"妆发"都要求艺人自主安排。MC（主持人）和导演在逗笑别人的同时还要保证自己不被逗笑，否则将会受到喷水及扣通告费的惩罚。这一综艺锁定的是 10～30 岁的人群，主题由 IP 改编而成，非常具有趣味。形式上偏向于日本的综艺形式。

也有制作者把纪录片与一般的综艺类别融合，在综艺的基础表现上添加纪录片的高端品质，在纪录片较为厚重的情绪上添加综艺的趣味与灵活。韩国综艺"*Traveler*"采用的就是这种融合方式。节目中，青年男演员柳俊烈与李帝勋在古巴展开背包旅行，通过镜头及陈述为观众展现古巴的历史文化与现代风貌。旅行与纪录片相结合，拍摄效果写实而精美，制作组也精准把握了古巴的城市气质，并在节目中提供了非常多有效的出行信息，使得节目兼具观赏性与实用性。好的综艺节目需要极致，"Traveler"为观众提供的是高级的视听享受。由于年轻观众对旅行节目的审美逐渐提高，这种结合将会更受他们的追捧。

我们也已经开始了喜剧方面的研发，因为在经济下行的时刻，人们压力大却又少了很多快乐的方式。喜剧是一种低成本的获得快乐的方式，会受到更多人的欢迎。中国喜剧面临用户中老年化的挑战，同时也要应对年轻用户的转变。如今，对于年轻用户来说，喜剧已不再等同于小品或者美式脱口秀，喜剧的研发也需要代入更多年轻人喜怒哀乐和价值观的表达。如果不及时改变，就只能被淘汰。

接下来谈第二种，内容元素的融合，是指运用不同的场景和记录方式，在融合中去找到新的文化价值观和新的文化表达方式。

这一部分内容，我想结合婚恋的角度来探讨。如今，年轻用户的婚恋价值观改变，用户在两性关系上，在家庭目标和自我中，拥有更独立的价值体系。收看相亲节目时，相比牵手成功，观众更关心的是嘉宾在舞台上因为社会结构、生存状态不同而产生的观点碰撞和震撼；收看恋爱真人秀节目，相比真实的恋爱，观众看到的是对美好恋爱的幻想和沉浸式体验。

《暧昧之舞》是韩国 2019 年秋推出的一部关于恋爱约会的综艺。节目中安排了 10 位男女舞者寻找自己的灵魂舞伴。节目以恋爱为基础，在选角与环节中都紧扣舞蹈元素，拍摄手法浪漫，捕获了许多年轻女性观众的心。

放眼国内，恋爱类综艺很多，包括最早的《非诚勿扰》到《玫瑰之约》和如今的《心动的信号》。《非诚勿扰》较以往而言已经少了很多观点的碰撞和讨论；《玫瑰之约》过分侧重"爱情的结果"，缺少令人感兴趣的话题；而《心动的信号》团队精准把握了两性话题，节目内容真实有节奏，与《暧昧之舞》类似，能够为观众营造一种良好的沉浸式的恋爱体验氛围，所以获得了比较好的观众反应。内容元素的融合相似的例子还有很多，不再赘述。

最后是垂直节目类的大众化。垂类节目具有受众面窄的刻板印象，将垂类元素与更广泛的节目类别融合，可以让节目得更广的关注度。看懂舞蹈表演、乐队演奏，都是需要专业素养的事，这也形成了门槛和圈层。《这就是街舞》《乐队的夏天》以及《暧昧之舞》等节目，就是面对相对小众专业领域的时候，将垂类内容做到优质，加入社会性和人性的共通点，例如加入情怀，成功地从垂类走向偏大众化。

韩国综艺《姐姐的沙龙》是一个值得分析的案例。在该节目中，韩国女演员韩艺瑟担任店长，与另外两名 MC 和一名"小鲜肉"实习生一起，联合韩国时尚圈知名造型师、美妆师、美发师，合开了一家高端造型店。每期节目会有一组艺人或名人前来进行造型改造，并在改造的过程中讲述自身的故事。这一综艺展现出了名人与大众熟悉的形象中不同的侧面，他们内心的故事也为观众提供了看点和话题点。造型为表，访谈为里，这是垂类节目向大众娱乐节目转变的典型。

什么样的综艺是好的综艺

什么样的综艺是好的综艺？

首先，好的综艺一定有一个"极致"，起码要有高级的视听享受。"Traveler"引入纪录片的拍摄手法，也是为了给观众更高级的视听效果。《大鹏嘚啵嘚》的时代再也不会回来了，《奇葩说》也不是止步不前的，第六季和第一季的后期水平相比已经是大相径庭。如今节目后期一个花字不到位，弹幕就会开始吐槽。我经常看弹幕，甚至觉得发弹幕的观众就是最好的审片者，他们真的都非常内行。

其次，好的综艺要能与用户共情。只有极致的视听享受当然是不够的，我们已经有了失败的教训。《即刻电音》的视听效果就非常好，舞美技术无与伦比。但是为什么仍然不够火爆呢？和其他同类型更好的综艺相比，我认为它就是少了共情点。这是它需要提高的地方。

最后一个标准是有共同的价值观匹配，可以理解为是否代表了观众的主张。《奇葩说》没什么大制作，却有口皆碑，就是胜在代表了今天所面对的年轻用户的主张。"Traveler"亦然，表面上是美丽的风光加上好听的音乐，其实内在的价值观是经济下行时代巨大压力下的重新出发，不是和社会和解，是与自己和解。是否真的放下，又是否真的想要重新开始，这是他们年轻人脑海深处的想法。

内容只有做到这三点，才会让大家自动进入一个社交圈的传播，形成最良性的流动关系。

欧美的综艺一直表现稳定，但是已经没有什么可以输出的内容。以往我们做节目，需要跑到欧美国家去借鉴、参考他们的模式，因为他们是最优质的。但今天不同了，他们没有什么更新迭代，已经跟不上我们发展的需求，不能给我们太多的惊喜。这并不意味着我们就已经做得很好，我们依旧面临巨大的挑战，就是原创。今天的网综市场，最成功的内容基本还是参考了别人的制作模式。这是学习过程必然经历的，如果学都学不会，又谈何创造？

"新青年"与"她世界"：互联网综艺的核心族群

综艺研发的背后是用户洞察。现在的网综市场有两个核心族群，分别是"新青年"与"她世界"。

"新青年"，具有更加独立的自我主张、更加新奇的表达方式和存在方式，以及更独特的价值观。在新青年当中，关键词就是圈层文化，所以未来的年轻文化会呈现出立体圈层状态，要让内容平台和年轻用户达成更大面积匹配，就要建立立体圈层这样一个文化态势和结构。

年轻人现在的生活状态以单身和独居为主。数据显示，中国现在的独居人口在一二线城市快速增长，北京的单身人口甚至已经超过首尔、纽约，仅次于东京和巴黎。造成这一局面的原因有很多，首先是个人价值的强化，知识文化的普及带动新一代的年轻人追求自我独立，不喜欢太多的束缚。此外，女性地位逐渐提升，教育与就业改变了女性的经济地位，她们更有权决定自己的家庭生活、性和生育，也不再以婚姻作为人生的终极目标。这直接导致了现在情感节目表达角度、观察到的内容、嘉宾的态度等一系列的变化。我们必须面对职场、家庭、人际交往方方面面的变化。还有一个重要的原因是通信方式的变革，这让年轻人即使在家也能拥有丰富的生活。日本很多奇葩的节目都是直接受到了奇葩的生活方式影响。通信方式的改变导致了人们生活方式的改变，独居不意味着与世隔绝。最后，城市化和工业化带来了社会分工的细化，分工给予了不同的圈层理解和肯定，使社会宽容度增加，社会价值观发生变化。

个体价值强化又体现为"一个人的自在"——既不被捆绑也不孤独。新一代年轻人在意社交的质量而非数量；更热衷于社会和社交生活，如外出就餐、旅游、健身、购物；更愿意一起拥抱人生的一段旅程，建立如朋友、同好、同窗等没有负担的共同关系。韩国节目《独自生活》就是对这种价值观的呼应。

新青年们单身生活形成的各方面侧写，为网综的制作提供了不同的主题方向。单身生活的消费观包括"自我需求""小确幸""颜值经济"和"追求性价比"。"自我需求"和"追求性价比"很好理解，分别强调方便和品质。

"小确幸"是一种悦己型消费。现在的年轻人追求生活与工作的平衡，度假和工作一样重要，工作是为了维持兴趣的持续投入。他们不为一个宏大的目标牺牲当下，而是把握此刻能享受的小小幸福。所以小成本、短距离的旅行目的地很受欢迎。旅游 1.0 时代是围绕景点开展活动的观光打卡，旅游 2.0 时代则是个性化的探索。目前旅游 3.0 时代业已到来，本地化生活旅游方式成为主流。

"颜值经济"要求好看的皮囊。如今，一线、新一线城市单身青年每月化妆品、保养品或服饰的花销占每月可支配收入的 7% ~ 12%，仅次于房租和餐饮支出。这些消费是一个不可逆的加法过程，因为消费者一般会从简单的功能性需求入门，并随着了解的加深而衍生出更精细化和更专业的需求，导致使用品类和步骤的增加。

自我需求型、小确幸以及颜值经济的消费观为旅行、美妆等节目搭上桥梁，也带动了 KOL 电商的发展。李佳琦和薇娅这类电商主播的爆火也说明现在的媒体并非对年轻人没有影响力和引导，只是方式与过去不同了，因为每个人都对自己的生活方式有自己的定义和准则。所以今天的经济生活中，人的影响力逐渐放大，观点的影响力逐渐变小。这给综艺带来的启示是，要选择真正有知识、有才能值得尊敬的嘉宾，且要有个人魅力和独立的人格与价值观。

单身生活的侧写还包括合租生活。合租催生了新的社会关系，有太多值得挖掘的内容，能够反映当下年轻人的生活状态、情感和情绪。优酷准备推出一个非常有趣的、反映合租生活的综艺，希望带来更多观众的共情。

现在的单身青年的特点还包括"宠物控"和"有趣的灵魂"。我想重点讨论后者。会说话不一定有趣，有趣也不一定会说话。《奇葩说》很会说话，也有有趣的灵魂，但有些有趣的人不善言辞。《这就是灌篮2》刚上线的时候，热爱运动的直男不会表达，采访时我们甚至无法收录一段长长的话。但坚持跟踪下来我们又发现，他的个性跃然纸上，依然有趣，他有自己的表达方式。

除了生活状态外，现代年轻人的亲情焦虑也值得关注。韩国也有这样的社会状态，所以韩国综艺常常反映很多家庭关系、代际关系的问题，帮助观众完成代际之间的人格传递。当家庭关系更新太快，人们需要找到方法去接受变化中的关系，而这种新型关系一定有引人入胜的故事可以寻味。例如《女儿们的恋爱》就是以"爸爸正大光明看女儿谈恋爱"为核心，捕捉当代年轻人最具代表性的恋爱态度，展现父亲与女儿及女儿男友间的微妙故事。

最后是偶像文化。它是互联网原住民最大的次文化，以粉丝文化为基础的"饭圈"，通过粉丝活动，娱乐在线上线下成为一体化。其实"偶像"变一个词就是"榜样"，这是现在年轻人的最大动力。圈层文化在分裂和独立过程中，最有说服力的是榜样的力量。建立良性、健康的粉丝文化，可以把偶像的力量更多转化为可以让社会感知到温度的力量。例如推出明星旅行的 Vlog，就是新一代年轻人的部分代表，他们不需要忆苦思甜的教育，对生活有品质的追求和很好的审美取向。这种清新的故事、感觉、基调，也会让用户感知到生活的美好。

对社会机理的分析，让我们得出了"新青年"这一标签。他们追逐独特，但是过多的选择也带来了他们的迷茫和盲从，而生活经验的差别使上一代人无法给他们太好的引导。不过，我认为这样的迷茫是痛并快乐着的，也许在不迷茫的时代里，他们会更加痛苦。此外，新青年们还很孝顺。不能说他们不传统，只是更讲究人际关系的品质。我非常渴望了解年轻用户，因为只有这样才能做出他们所喜欢的综艺内容。

另一个核心族群叫"她世界"，就是女性群体，女性世界是丰富的，可以细分为五大人群画像。

第一种形象叫"年轻辣妈"，她们已经有了子女，对颜值、身材和时尚依然保持高要求。她们对母婴类内容的关注度分散，注重生活品质和子女教育，常常靠熟人推荐获得新产品信息，而且参加促销，钟爱会员制服务。年纪越成熟的女性越高度认可这样的身份。

第二种形象叫"女王大人"，她们在职场上风生水起，在家中"一言九鼎"，收入范围、网购时间都比较集中，在家庭里有更大的收入比重。

第三种是经典的"贤妻良母"，她们生育计划明确，重点关注童装童鞋。家庭是她们的首位，她们承担者较大部分的家务活，是家里家外公认的贤内助。

第四种形象代表叫"奶茶女孩"，她们会把精致生活的态度贯彻到底，是轻奢产品的常客。但她们会对子女问题感到担忧，甚至一部分人每周都要焦虑一次。

最后一种女性形象是"佛系少女"，她们人如其名，云淡风轻、独立自主，按照自己的方式生活，对家里家外的事情不多过问。她们非常关注性价比，很依赖网购。不过，看起来淡定、"佛性"的她们，可能会认真钻研自己喜爱的内容。

女性地位的提升也影响了她们对男性的审美。男性视角的审美观可能更重视崇尚雄性的力量感，而女性视角的审美观重在消费精致小资的"哥哥们"。

因为现在的女性最需要的不再是保护和帮助，而是愉快、温暖的感觉。精致的小哥哥们看起来没那么有威胁，更赏心悦目、温暖平实。

女性的感情观变化也很大，经历了四种阶段：从"无法改变，下辈子再改"到"先忍耐，才能改变"，又过渡为"不忍了，一开始就要爽"，到现在的"cover 全场，我就是霸道总裁"。从电视剧的改变就能看出来。最早的《红楼梦》，人物稍微有一点独立反叛，结局就是"死"；《还珠格格》的时代是要用机智调皮讨好权威，让权威赋予女性活得更嚣张的力量；《甄嬛传》就开始了彻底的转变，最后的结尾完全颠覆皇权的价值观；最后是《延禧攻略》，展现的是小人物一往无前向前走的故事。我个人认为《延禧攻略》赢在了价值观上，虽然演员的演技未必是顶级的，但反映出了当今年轻女孩的价值观，"皇上和权威只是我的工具，我可以用也可以抛弃，我自己定义自己的生活轨迹，我不需要任何人和力量就能活下去"。在综艺市场上，《做家务的男人》《我最爱的女人们》都反映了这样的变化和价值观。

当然，除了"新青年"和"她世界"，中国还有许多不同的圈层值得我们关注，比如小镇中产。小镇中产包括"小镇青年"和"小镇嫂子"。他们的可支配收入较高，生活也清闲，需要靠娱乐来消磨时间。一方面，小镇中产们羡慕城市中产的生活，向往"逆袭"，另一方面又怀念城市发展前单纯美好的小镇人际关系。他们的受教育程度远不如城市中产，休闲娱乐主要是听音乐、玩手机游戏、观看网络视频节目和网上购物。在需求上，"小镇青年"偏爱国产的喜剧、动作向内容，喜欢能带来快乐和刺激的直接情绪，不喜欢烧脑剧情；"小镇嫂子"的生活尤其缺乏刺激和改变，所以喜欢直接的情绪，甚至是带点痛的"虐"。过着平凡生活的他们，却孕育着不甘心和逆袭的愿望。所以才产生了分别代表社会地位"逆袭"和文化"逆袭"的"兄弟情"与草根文化现象。

互联网综艺的未来

首先，未来要把握综艺内容的用户价值。低观赏门槛、娱乐性和真实感是综艺的三个重要元素。在短视频极低的观赏门槛和强感官娱乐性冲击下，综艺的用户价值正面临着挑战，但情感共鸣和故事性是长视频难以被挑战的，没有人有能力在 15 秒之内讲完一个故事，最短的微小说也得 100 个字。共情需要综艺对圈层、社会与家庭背景变化的把握。把握好故事性是综艺能够继续前进的重要竞争力。

其次，未来要选准综艺内容赛道。优酷把社会圈层和市场因素结合在一起，对赛道做更精准的定义。我们通过来自阿里淘系消费数据、UC搜索数据、文娱内容数据以及高德出行数据等多方面的数据对赛道基本盘进行评估分析，再联合关键词去寻找到与赛道匹配的内容。

最后，是建立多元化立体圈层。因为单一内容标签，已经无法打动审美多元、口味多变的用户。想要突破桎梏，新的概念也不断产生，比如"破圈"，但是这种大而全的追求，与现在年轻人实际生活中的圈层以及文化不断独立不断强化的状态产生了冲突。未来的文化将会是多元立体圈层的打造。

考虑进入综艺行业的年轻人是幸运的，因为如今的媒体样态特别自由，技术解决了很多的困难；但又是不幸的，因为寒冬刚刚开始，且不知道要持续多长时间。商业寒冬给文化行业带来了最大的压力，因为文化是奢侈品而非必需品。在这样一个机遇下，考虑进入这个行业的年轻人，希望大在未来能够坚守住自己今天进入这个行业的初心，也要相信只有勇敢和创新能改变这个行业。

对 话 郑 蔚

席瑞：从电视综艺到互联网综艺的变化是什么？

郑蔚：电视和互联网最主要的区别在于用户的差异。因为面对的用户不同，自然语态不同，表达方式不同，甚至节目节奏都不一样。我记得做节目时还讨论过，花字密不密、多不多的问题，也是基于用户习惯的差异。视频本身的表达手段还是相同的，不论是好的真人秀，还是好的选秀节目，标准是一样的。

席瑞：如何看待用户与节目的互动？

郑蔚：围绕节目的互动手段一定是基于互联网的。比如说视频网站的会员权益与会员活动设计，它带给用户一个观影以外的娱乐方式和手段，大家都成为一个节目IP的共同推动者，和IP产生一种共情关系，这是完全不同的。下一步很快，用户的互动与反馈就会影响到内容制作本身。

席瑞：如何看待体育类综艺？

郑蔚：影响体育类综艺诞生与增多的原因有很多。第一个核心原因是人口规模，中国现在有运动记录或者有运动习惯的人有4.35亿，且大多数是年轻人。当运动成为年轻人生活方式和习惯的时候，他和运动之间的关系就已经不一样了。现在的年轻人会需要温暖、小资、精致的"小哥哥"，需要《奇葩说》这种思想，同样会有一群因运动而变得简单、阳光、执着、坚信的年轻人。所以人群本身的存在，会让体育类综艺越来越好。第二个原因是体育素养的提升。当年开始出现超女的时候，一定是当民众拥有了歌唱能力，这得益于卡拉 OK，大家都没有歌唱能力的时候，是没有办法做选秀的。同理，当大家篮球能力还是"小学生水平"的时候，我们是没有办法做灌篮的。第三个是圈层文化，大家都有自己的圈层，有自己的认知、同好和群体个性，而大家对于其他圈层的好奇心也会存在。所以这些是体育能成为综艺非常重要表达手段的原因。

席瑞：很多综艺想把竞争性因素做出来，比如《奇葩说》的赛制不断变得残酷。体育更是具有竞技性，这个会是体育类综艺的触达点吗？

郑蔚：体育竞赛本身就是一个最公开透明的竞争。人们都会有"草根逆袭"之心，都有一颗不甘心的心，竞争性一定是很重要的看点。

席瑞：我自己在《奇葩说》之前是普通的学生，现在是一个辩手。综艺现在大量寻求素人的参与，请问您的看法和解读。

郑蔚：其实在艺人盛行的时代，我坚持的观点是综艺就应该是素人的，因为素人更真实。以婚恋节目为例，曾经江苏卫视出过一个婚恋节目是以明星恋爱为主题的。不考虑政策边界问题，首先节目的真实性就会受到挑战。真人秀一定要有真实性，如果节目的底层受到挑战的话，就会失去基础的好感度。如今，素人的表达能力非同小可，如《奇葩说》是个非常好的典型。从现在的婚恋节目来看，也是如此。当我看完《我们恋爱吧》第一季，我就跟孟非说，现在的年轻人都是"戏精"，太能演了，太能进入"状况"了，太能表现了。所以当节目的精彩度足够时，它应该是素人的舞台。艺人只能代表一个圈层，比如说我们用艺人做真人秀的时候，只能代表某一个圈层的人去放大这个效应，但是他未必真的属于这个人群。好的综艺盛行的时候一定是素人为主角的时代。

席瑞：圈层这个概念涉及一些小众文化要不要"出圈"的问题，围绕这个问题有很多的争论。以《奇葩说》为例，《奇葩说》三四季的时候就有人讨论，辩论娱乐化对辩论到底是好是坏？因为当一个小众文化受到更多的关注，资本迅速涌入的时候，很可能为了满足观众的需求而牺牲掉小众文化的一些纯粹性或者深度。《乐队的夏天》也会看到一些质疑的声音，认为乐队满足观众过程中丧失了小众，丧失了一些边缘性、抗争性和叛逆性。请问您怎么看待这个问题，又该如何调解小众和大众之间的关系？

郑蔚：有这样的辩题，说明我们还处在大众普适价值逐渐走向立体圈层结构这条路上。如果真的走到了那一端，就不会有这样的问题。我认为，未来一定是以圈层为核心代表的文化结构层。我不认为一定要大众化，个人的爱好不能强求被所有人都喜爱，这让人勉为其难，但并不能因为它的小众而放弃别人对它的尊重。所以我觉得不需要强求把小众文化普及为大众文化，但是通过对小众内容精彩表达以及共情点的提炼，一样会带来更多的观看和讨论。小众文化的大众化，与借由小众文化带来更多的关注度，是两个维度的事情。

百家号： 相比小而美的节目，大制作、大流量的节目是不是会变得越来越少？

郑蔚： 是"难"。制作方经济上不堪重负，没有钱做那么大的节目，所以我才说，这是对制作方的一大挑战。未来当然还会有大制作、大流量的节目，只是数量会减少，相比去做"二代"的节目，去找新的节目会背负很大的压力。这也对应了我所说的保守状态。我认为，这几年 S 级项目一定不是创新的时代。我也曾建议广告客户去关注大量的小体量节目，关注节目的用户是否与理想销售对象相匹配。

百家号： 如何实现"破圈"？

郑蔚： 做综艺时，如果追求大而全的人口规模，其实就和如今年轻人的生活状态相去甚远了，如今年轻人的生活是圈层文化的。"破圈"是个伪命题。比如我们努力地让街舞破圈了，可是有相当一批热爱街舞的年轻人认为当街舞被大众化了以后，就失去了他们热爱的价值。圈层的好处在于帮助我们改变万金油式的"什么都懂"，让我们在垂直领域里越走越深。我不需要太大的圆半径，我要的是在这一亩三分地里能有更深的挖掘。我认为只有圈层文化表达清楚了，或者我们通过一个平台满足不同的圈层文化，才是对年轻人的呼应，未来的内容一定会越来越小众。以篮球为例，虽然看起来是大规模的，但实际上中国真正看得懂篮球赛制，能朗朗上口说 NBA 的其实不多。虽然真正懂专业的人不多，但每一个垂类的文化，每一个圈层的文化，都能提炼出幸福和人性的共同点，以及追逐过程的共同点，这是我理解的破圈。我认为综艺节目的破圈在于人的故事，年轻人的圈层文化是非常值得尊重的，圈层文化中诞生出的人格魅力就是破圈的力量。

百家号： 现阶段，您觉得哪些节目类型会比较容易成功？

郑蔚： 第一，经济下行期间，人都需要治愈和温暖，所以从现在开始，会出现大批中等体量的，满足人相互关照需求的内容，以解决人与社会、人与他人、人与自己的各种关系问题。第二，关照不同的圈层。我将持续关注体育、科技和音乐类型。比如音乐类型，目前最大的问题在于我们已经走完了"从零到一"（从没有音乐细胞到有音乐细胞的过程），但当音乐走完"工具"这个过程后，"从一到二"的价值（主张表达的过程）在中国仍然没有找到可行的路径。我认为音乐节目的核心瓶颈不在于模式，而在于它无法匹配当下年轻人的生存情况和需求了。过去会唱歌的人很了不起，如今找一个不会唱歌的人很难。"从零到一"的"超女时代"已经结束，"从一到二"的时代里，实际上需要思考如何用音乐表达当下年轻人的价值和主张。

百家号：对于新的综艺节目，更依赖模式还是创意？

郑蔚：创意无法成为节目。创意会让某一个点很好，但无法构成一个完整的节目。最近国内依靠一个创意点做节目的现象又严重起来了，前几年其实已经好了很多。我想是因为压力太大，制作者们比较着急。完整的节目基础还是需要模式和过程。

提问者：随着"流量明星"的渐渐消亡，各类素人开始在综艺崭露头角，像《心动的信号》《恋梦空间》等这种明星和素人结合的综艺取得了比较好的成绩，这样一个现象是否说明未来的观众会更加喜欢偏向素人的综艺，而不是明星类的真人秀？

郑蔚：不是因为明星或者是素人，其实现在的年轻用户更在意的是真实。无论什么样的内容，不管是职场类节目还是婚恋类节目，观众收看真人秀时，更愿意看到大家在某一个特定场景下，因为节目规则激发而产生的真实情绪。既然真实是大家追求的目标，素人也一定会越来越多。

郑蔚，中国传媒大学（原北京广播学院）电视系新闻学硕士，毕业后进入中央电视台经济部工作。在央视期间成功创办《对话》《开心辞典》《全家总动员》等品牌栏目，任制片人，曾任中央电视台经济频道副总监。2015年7月，离开央视加盟爱奇艺，出任首席信息官，负责制作爱奇艺大型综艺节目。2017年正式加入阿里巴巴集团，曾任阿里巴巴文化娱乐集团优酷事业群副总裁，负责泛娱乐中心各频道的节目制作、优酷体育内容的引进及制作。

席瑞，《奇葩说》知名辩手，四川大学辩论队前成员，曾参与第二届国际大学生华语辩论公开赛，担任专业指导，毕业于中国人民大学文学院。席瑞广泛涉猎文学、哲学等相关知识，形成了其引经据典的辩风。

（整理者：张曼婷）

短视频

快手徐欣：视频是我们这代人的特权

徐　欣

快手高级副总裁

快手的发展历程

在加入快手之前，快手这个产品最初并没有打动我，但是深入了解之后发现，我们平时在朋友圈、微博和生活里看不到的内容都可以在快手看到。在快手里有各式各样的人，他们非常努力地生活，从他们平凡的生活中可以发掘很多东西，这就是快手存在的价值，也是最吸引我的地方。

"GIF 快手"成立于 2011 年，最初是一款用来制作分享 GIF 图片的手机应用。2013 年，"GIF 快手"从纯粹的技术工具应用发展成为一个具有社交属性的短视频社区。2014 年"GIF 快手"正式更名为"快手"，在这之后的 2015 年，用户数增长到 1000 万，2016 年到 3 亿，2017 年突破 7 亿。2019 年 5 月，快手用户数达到 9 亿，日均活跃用户有 2 亿，内容生产者达到 1.9 亿，生产着森罗万象的内容，每天有超过 1500 万条视频上传。快手的核心人群定位在年轻用户，但随着近些年网络的发展和手机的普及，中老年群体加速渗透，这是包括快手在内的中国互联网网民结构的变化。快手在一二线城市的用户占比和全网网民占比相比有略微的差距。

视频是我们这一代人的特权

视频是我们这一代人的特权。从 1995 年我国开始建设互联网起，上网经历了 56K 的 Modem、ISBN、ADSL、固定宽带等阶段，随着带宽的增加和网速的提高，互联网的主流应用从图片到音频再到视频。只不过在固定宽带的阶段，视频提供方还是专业的生产机构。随着手机的发展和 4G 的普及，视频开始变成我们这一代人用来拍摄和记录的主要载体，更实时的直播平台开始涌现。如今的我们随时随地都可以用手机录视频做直播，立体地记录我们的生活，因此视频是我们这一代人的特权，对这个时代的媒体和传播产生了很大的影响。

记录自己，发现世界

"我们希望通过记录，让人和人之间有更多的认同，可以让我们去发现别人的闪光点，能更好地去理解和陪伴身边的人。"这是快手创始人宿华对于快手的初心。快手希望用科技的力量，让每个人都有能力记录自己，每个人都有机会把自己呈现给这个世界，每个人都有可能让世界发现自己，每个人能够消减一点点的孤独感，提升一点点的幸福感，从而推动社会整体幸福感的提升。简单来说，希望促进记录和分享，促进创造和交流，促进表达和共鸣，促进理解和成长等。因此，快手的内容是多元化的，希望大家都有公平记录的权力，这给很多个人和企业提供了意想不到的机会。

一些外国人在快手"出道"：原 YouTube 上拥有 1000 万粉丝的美国网红，因翻唱中文歌曲在快手上走红，他说自己热爱中国文化，未来想搬到中国生活；被大家称为俄版"绿巨人"的 27 岁小伙儿皮特，来自俄罗斯，16 岁高中毕业来到中国留学，他从小就喜欢力量举重，到中国后一直坚持运动、参加各种比赛并且拿到冠军，皮特在快手上分享他训练的视频，网友纷纷被他亮出的肌肉震惊；来自伊拉克的 21 岁小伙儿贾思德，三年前来到湖南长沙留学，迅速被中国美食所吸引，为表达自己对中国美食的热爱，他拍了一系列关于中国美食的段子。这些在快手上传播内容的外国人，就像是中外文化的沟通大使。

一些企业在平台上出其不意地"出道"：在快手上只有几千粉丝的三一重工，却通过直播卖了 42 台价值几十万元的压路机；富士康的员工在富士康园区开直播给自己的老乡看富士康的工作环境、园区环境、工作和生活模式，对员工的要求等等，富士康以这种方式招聘了上万员工。这些都是之前从来没有设想到的。

快手使很多人体验到向善的力量：独居杭州的 89 年作家勺布斯，每天五六点起床，在快手上分享个人生活，给大家带来了一种安静的力量，勺布斯说，"作为一个作者，观察是他必须要做的事"，而快手给了他"一个被自己观察的机会"；老朱花三年时间造出来一架飞机，是看客的支持和鼓励把他的个人梦想逐步放大，空客甚至邀请他出席新飞机的发布仪式。无论是通过记录向内凝视自身，还是在大众的注视下一砖一瓦构筑自己的梦想，这都是快手向善力量的体现。

传播存在五种形态，即自传播、人际传播、群体传播、组织传播和大众传播，视频＋社区使原来以大众传播为主的社会信息形态一定程度上回归到人际传播和群体传播，并演进为一种更复杂、更高级的混合型传播形态——大众自传播（Mass Self-Communication）。

快手希望通过视频衍生发展出其大众传播价值。短视频平台与传统媒体存在着属性、风格的差异。比如，富士康之前存在一些负面的舆论，而现在通过富士康员工的快手视频让公众了解到富士康的一些真实状况。又比如，一对运货的卡车司机夫妇在去西藏的途中睡着后因缺氧去世，这对夫妇生前常在快手上发他们去运货的生活记录，交了很多司机朋友，因此这件事在社区里面引发非常多的关注，事件经过发酵得到央视新闻频道的报道——"送货夫妻进藏途中离世，他们的伙伴把剩下的路开完"。这两个例子体现了 UGC 的舆论生成路径：社群发酵—源头爆发—媒体扩散—终结。

此外，优质 UGC 内容还可以通过主流媒体再传播，实现融媒之间的合作。例如快手联合央视新闻推出的《我给两会带个言》。又如快手聚合了全国各地不同地区的热点，有非常多的社会学家和媒体人通过平台来观察一些地区的风俗和习惯，挖掘素材。

快手的平台机制和运营

在上述案例中，平台起到作用的一个非常基础的原理是普惠＋基尼系数的社区机制。快手坚持用普惠价值观去实现真正的全民记录，尽量把流量分配给所有的记录者以及他们的作品，而不是只鼓励最有消费价值、最搞笑或者可拍性最高的作品。快手并没有做过下沉推广，能够被乡镇用户接受就是因为产品本身简单易用。

在社区和平台产品上，关于流量有两个概念。第一个概念叫作公域流量，由平台控制，在快手属于公域流量的是发现页（热门）和同城页，这些流量是由平台来调配的，通过这些流量调配去实现所谓的普惠，给每个人相应的机会。第二个概念叫作私域流量，谁获得就是谁的，在快手体现为关注页（包括个人主页和说说关注页），创作者的作品会被粉丝在这些页面看到，这些流量就属于创作者个人。私欲流量特别重要，快手的电商、直播和知识变现效率高就是因为私域流量形成的粉丝黏性更强。

粉丝的来源一般有三种渠道：第一种是公域流量，第二种是社交推荐，也就是粉丝把自己关注的人推广给他的朋友，第三种是平台根据地理位置信息和通讯录信息计算出来可能认识的人，去做的推荐。

快手的价值指导算法是基尼系数调控。平台上一个内容不会特别火，因为我们要把注意力资源、流量分配给更多的普通人和长尾作品，给普通人被看到的机会。具体做法就是在算法分发过程中通过基尼系数调控注意力的"贫富差距"。基尼系数为一个数值，它会控制在一定范围内，减少高粉用户（1000万以上）的内容推荐曝光及爆款内容的曝光。

快手的产品呈现方式是双列 Feed 流，Feed 流即持续更新并呈现给用户内容的信息流。对于我们这样一个短视频社区而言，产品目标是鼓励用户生产，并把普通人生产的内容精确推荐给感兴趣的人，让它们被看到、被理解，其路径是用技术和算法实现海量用户和内容的匹配。抖音是滚动式的推荐模式，它推什么，用户看什么，深度沉浸；快手是瀑布流式的展现模式，用户可以去选择自己想看的内容。从视频发布到经过 AI 理解内容和多轮审核，内容会展现在快手的关注页、同城页或发现页。然后开始流量爬坡阶段，每一次爬坡都会经历内容审核和用户反馈的循环。内容＋社交的形式能够帮助用户扩展兴趣边界，防止茧房效应。

在平台上有很多不同的创作群体，包括：UGC 部分的明星和普通用户、专业的 MCN 机构、媒体号、政府号和企业号等。他们上传内容，必须遵守社区规则：首先，法律红线不能触碰；其次，平台保护原创，不能够重复上传、不能上传带台标水印的作品，也不能录屏和截屏（因为非常容易侵权）；不允许发广告，广告一定要走广告系统，这样做不是为了赚钱，而是为了更好地把握商品的质量，因为快手有非常详细的广告资质审核和投放规则；最后是关于高危内容，比如危险驾驶、危险动作和危险场景，创作者要在注意自身安全的情况下去拍摄，并且在拍摄中明确告知用户这些内容是专业的、不要模仿。

在内容运营方面，快手坚持"创意无止境，运营有套路"。账号成长源于用户反馈和感知，"始于颜值，陷于才华，忠于人品"，颜值、才华、人品对应到平台里的作品就是封面、内容和人设。相应的指标就是点击率、喜欢的比例和关注率。"颜值"（封面）对应的指标是点击率，分母是封面曝光，分子是点击次数；"才华"（内容）对应的指标喜欢的比例，看完了这个内容有多少人点赞；"人品"（人设）对应的指标是关注率，有多少人关注。

就"颜值"（封面）而言，优化要着重标题、图像和色彩。有效的标题最好控制在十个字以内，表达完整，关键词有吸引力，不含无意义的字符，与内容一致；图像清晰度要高，构图合理，优中选优，图像与标题要协调；色彩心理学也对于封面的点击率有影响，比如红、蓝和白光的差别显著，更易识别。

就"才华"（内容）而言，主要是内容创意。粉丝量级高的账号，不是通过刷快手去寻找灵感，更多的是具有嗅觉的敏锐度，通过朋友间的讨论、其他的平台渠道、电视电影连续剧这些方面来寻找社会热点。刚起步的账号则可以尝试模仿平台上火了的视频。

就"人品"（人设）而言，建立关注是保持作品持续吸引力的非常重要的一个支撑，获得关注就会获得更多的曝光，有更多的曝光就有更多的播放量，从而成为一个正向循环。最核心的是要塑造人设，人设核心是差异化。举个例子，两个同样漂亮的"小姐姐"如果每天都是做自拍的话，对用户来讲差异不大，但是如果一个专门讲口红，另一个专门讲包，我们对她们的印象就不一样了，内容的差异化是构成人设非常重要的因素。在做短视频之初就应该做好定位和策划，账号本身或者账号发布的作品里面的人希望做成什么样的（"人设"），然后在运营中不断地放大用户的关注点。

在用户运营方面，快手用户运营的关键是维护好社区里的"老铁"关系。如果产生了社交关系之后对内容的接受度就会比较高，关系链可以超越内容匹配，用户形成一种参与感和情感连接，会把更多的注意力关注到账号背后的人身上。

快手的商业化

我们希望快手的作者为粉丝奉献之后，可以给作者提供一些健康获得回报的机会，在这个过程中我们摸索出了四种回报模式，即快手的变现方式，包括：电商、知识付费、广告和直播。

变现方式一：电商。快手的电商是发展比较早的一个板块，快手的电商支持通过淘宝、拼多多、魔筷、有赞、京东以及快手商品六个渠道进行后续购买。快手对于电商具有很强的带货能力。第一，内容载体的升级使得商品信息传输效率提高。文字和图片承载信息的能力相对有限，且存在是否与实际相符的问题。而视频的表达，虽然用户不一定能拍得很好，但是可以更直观地对产品进行描述。第二，实时互动让用户和卖家的反馈都很及时。在直播中，观众不光能直接看到产品本身，还可以和卖家进行互动交流，卖家也可以及时收到用户的反馈，客户提出的问题得到主播的迅速答疑，会让客户对主播的信任程度提升。

变现方式二：知识付费。快手的知识付费上线半年时间，课程就达到了2.7万多，有7000多位用户在平台分享知识和经验，有上百万用户参与了他们的课程。一听到知识付费，大家都认为是要上专业课，但在快手里不一样。比如，有教音乐的老师，他的课程是唱歌发声的音节、气息，39元一节课，大概有两百多万元的收入；有教人怎样创业做街边小吃的课程；有教普通话的老师，大概有三四十万元的收入。平台里的用户千千万万，只要能在平台中给用户赋能，就可以做付费。

变现方式三：广告。快手根据不同商业客户的需求提供相应的服务能力和流量增值。快手的商业客户分为：一类是传统的外部客户，即广告客户；另一类是平台里面的客户，比如当地餐厅的老板，希望通过平台去推广他们的生意。他们创作出来具有商业意图的作品或广告，希望购买一些流量增值服务去扩大他们的影响力。针对外部客户，快手提供的是效果广告；而对内部客户，快手提供了更简单好用的粉丝头条。在这个服务过程中，还出现了新的商业模式——快捷单。快捷单就是当外部客户不知道怎样生产用户喜欢的内容时，会找到平台内部有创意的生产者和记录者。平台作为桥梁，匹配外部客户和内部有能力的用户，这样既可以使外部客户高效地匹配相应的素材推广给目标用户，也可以使平台用户靠他们的创意获得合理的回报。

变现方式四：直播。直播使快手跻身 iOS 全球收入最高应用排行榜第五名，是榜上唯一的短视频平台，但收入其实不重要。我们认为直播是作者和用户更加实时沟通的方式，同时也是其粉丝对于作者表达支持非常及时而且简单直接的方式，这个是直播成功的原因。

直播在未来的趋势是能够与社会各个行业深度融合。我们使得家乡好货能够卖出深山，2018 年，四川眉山市仁寿县附近的浅山里，农妇黄琴通过仅有 2 万多粉丝的"品优鲜果"售出了近 30 万斤柑橘，销售额超过 80 万元。全国贫困县在快手的卖货人数约 115 万人，年度销售总额达到 193 亿元。有中国"小商品之都"之称的浙江义乌市，出现了大量靠快手带货的直播村，不经意间实现了渠道进化。

这样来自传统行业的短视频探索，已经成为一种趋势。不管是农村电商还是三一重工这样的大型企业，不同领域的个体也好企业也好，都在通过短视频去尝试改造和升级他们传统的经商方式和生活方式。未来，短视频会成为所有行业的标配。

对 话 徐 欣

李小萌：如果一个用户在很多媒体平台都有账号，但只是内容的简单搬运，这样的做法您推荐吗？

徐欣：要看自己的目标，如果做尝试的话可以投放到多个平台，根据不同平台的反馈找到平台的用户群，根据用户的反馈得到他们关注的是什么，之后基于平台的特征、用户的关注来尝试是不是想要的方向。

李小萌：有人说编辑本身就是价值观，新媒体平台有价值观吗？

徐欣：现在信息分发方式变成了离散式社交化的分发，从受众角度看到的内容量级也变得很大。这个过程中，平台有两个价值观的体现：第一，把握什么样的内容不应该出现；第二，平台的流量如何分配。对于快手而言，赋予用户的能力和流量都是公平的，这是快手的平台价值。

李小萌：平台鼓励账户快速的爆红和商业化变现吗？

徐欣：快手的平台流量分发比较公平，一个账号快速成长起来需要真正专注地投入，构建人设、构建内容，这样的话平台才会把账号分发给用户。平台不会提供短时间暴富的能力，我们最关键的是通过平台流量分发然后基于用户和用户之间的关系，构建能够维系平台长期良性发展的、让作者获得健康回报的方式和生态。

提问者：快手在短视频平台中的独特性是什么？

徐欣：对创作者来说，快手的私域流量价值和黏性更强。对快手来说，我们的初心和内容的丰富程度应该是我们可以走得更远的一部分原因。我们坚定地相信我们初心的天花板是很高的，在这个过程当中只需要做好自己的事情，不断地让用户体验得到提升，自然就走得更远。

徐欣，快手高级副总裁，负责快手产品。曾供职于腾讯，先后参与 QQ 空间、QQ、腾讯开放平台、应用宝、QQ 物联、腾讯云等项目，积累十余年 C 端及 B 端产品从业经验。

（整理者：符怡）

星站朱峰：短视频流量池的打造与变现

朱　峰

星站 TV 创始人

平台上什么内容受欢迎？

平台上什么样的内容受欢迎？这是大量内容从业者，包括互联网公司和内容公司，都在绞尽脑汁想的事情。建立世界杯规则的人并不一定能赢得世界杯，作为目前短视频生态中最大的自营内容矩阵，星站有自己的方式去获得大量粉丝。与主要依靠人工生产内容、讲求内容精品化的 MCN 机构不同，星站是目前业内少见的以技术和数据驱动内容生产的公司。

五年前，内容作品想在平台上被更多人看到，曝光和流量都把握在平台运营人员的手中。那是中心化传播时代，平台的运营模式是人工主导下的 PGC 模式。但随着移动互联网的升级，传播的规律发生了变化，平台的运营逻辑变成了千人千面的算法。什么是"好"的内容被重新定义：重点投入的内容可能并不受欢迎，而看似随意的内容则有可能意外爆红。这看起来是一个概率问题，而概率本身则是一个数学问题。在一定环境下，这些事情只要可以量化就可以做优化，继而进行规模化。

于是我们把不同视频在不同平台上的运营策略做了量化，不去人为判断哪一个决策会影响视频上热门的概率，而是完全通过测试来判断。我们通过研究短视频平台的算法规则，根据热门内容呈现的规律去流水化地生产内容；之后用账号循环往复地测试何种内容能够上热门，再通过内部"赛马"的筛选机制进一步强化规律，从而形成规则模板，由模板指导内容生产和直播以提升账号的涨粉速度和概率；最终快速聚拢起大批流量，再由此优化对平台的逆推和理解。

星站的逻辑是利用智能化生产与系统化运营的方式，在快手、抖音等平台上自营几百个"大号"，从而累积大量的粉丝。这些粉丝在某种程度上就是"流量"，当流量本身掌握在自己手上时，就可以产生更大的价值去变现，比如电商、直播、游戏联运、音乐发行等业务。当流量到达一定阶段后，就可以把各种变现方式规模化。

破解平台算法

内容的本质是流量

短视频的本质是内容，而内容的本质则是流量。无论是网红，还是企业号，不管呈现的内容如何，这些账号的实质都是用不同方式来获取更有价值的流量。

整个流量环境的变化经历了两个大的阶段，PC 时代和移动时代。PC 时代是千人一面的分发，所有人必须看同样的内容，没有自己选择的可能。在 PC 时代，通常是通过搜索来获得信息。而进入移动时代，就变成了分布式流量多节点的传播模型。每个人都是一个传播节点，像星星一样分布在遥远浩瀚的太空，中心那些质量大的星体自动形成引力，这就形成了一个传播节点。如果在大的传播环境下做一个这样的传播节点，并且能够复制这个节点，将会是一件很有意义的事情。在移动时代，每个 App 都形成了数据孤岛，只有内容可以在这样的孤岛间形成连接。比如 Papi 酱，她在微博和公众号都很有知名度，在每个生态里都会有影响力。未来所有 To C 的赛道都是内容赛道，只要面对的是普通消费者，内容都是避不开的一环。

短视频平台的布局选择

内容的全面升级环境下，新视频平台不断涌现，几乎所有做得好的应用都上线了短视频功能。在内容平台的选择与布局上，我认为与其选择一个参与竞争的新平台，不如选择一个对的赛道去深耕，而后慢慢延展。

短视频平台可以分为三类：中心化一类，包括爱奇艺、优酷等，特点是用户是上去"看片"的；去中心化的社交一类，包括快手、朋友圈视频等，特点是用户是上去"看人"的；淘宝短视频/直播、大众点评这类可以定义为"插件"，它还没有长出一个直接可以完成生长和变现的生态闭环。

具体在平台入驻的选择上，可以遵循 People、Platform、Prototype 模型来判断。其中最重要的一点，就是看这个平台是否形成了完整的生态，看平台的头部网红是怎样的生存状态。

当看到快手具有许多已经完成变现甚至营收达到了每年几千万甚至上亿的网红时，我认为快手这个生态已经相当成熟。所以当时我们的策略就是在快手做重点布局。

1. 变现路径不同

从两个平台的本质来看，抖音是"Show"，而快手则是"Live"。抖音是一个"舞台"，用户在抖音上看到的人都是比现实中所看到的人更好看的；而快手则是用户的"朋友圈"。抖音上的每一条视频都是作品，而快手上的则是社交颗粒，用户用这样的一条内容与朋友们社交，向他们传播自己的想法和情绪。

总的来说，如果要做品牌宣传，快速起量，那一定要在抖音上布局；如果想要实现长尾流量的转化，可以布局快手。

2. 平台算法逻辑不同

快手平台的算法很简单，在快手上发布的视频，会经由视觉识别，再完成匹配。具体过程是定义内容、定义人，然后通过人与内容的互动让作品得到更多的展示。

首先，发布的视频内容最重要的是被机器识别。要通过各种标签定义"人设"，让机器明确抓取到账号在做的内容。然后，才是内容要让大家喜欢。比如，放了一张小狗的图片，平台会先抓取图像内容，打上标签，把它推荐给小范围内带有相同兴趣标签的用户。当这群用户的打开率到了一定阈值，系统就能初步判定这是一个"萌宠"视频，以此类推，层层推荐。这就要依靠于判定作品打开率、点赞数、评论数是否满足当前阈值百分比。同时，快手还很强调"基尼系数"，也就是普通的用户可以分配到流量，而特别大的账号的流量相对越来越难找。

因此，我们需要明确账号的标签是什么。其实，账号即标签。如果刚开始推的人都不对，就更难谈及热门。大部分的内容运营者都败在第一个环节上，因为发出的内容根本没有办法精确地被机器打上标签。

打造内容账号的方法

这个时代到底什么叫做好内容？我的定义是：只要能够适应平台并满足目

的的内容就是好内容。适应平台，是指能够适应现在的终端和软件环境，符合平台的算法和推荐规律以及用户的使用频率；满足目的，是指内容制作者发布作品是为了满足什么目的。

快手上有一个卖拖拉机的账号，只有1万粉丝，但是他直播3个小时，卖了20台拖拉机，每台拖拉机40万，这是一个1万粉丝的账号所实现的转化，满足了这个账号的目的。

在分布式流量的多节点传播体系下，要做的是一个节点，只有具有价值的流量才能成为节点。进军短视频领域，一定要明白目的是什么。

要想打造好的内容，可以从属性、内容和运营三个方面入手。

属性（定义自己）

首先要明白自己要什么，然后给自己营造一个人设。通过给平台暴露足够多的信息，让他们来定义我们是谁，从而匹配到对此感兴趣的人，这可以通过长期特征、中期特征、短期特征来实现。回归到内容上来说，就是通过足够多的个人标签展示，比如账号主页设置、内容页关键字、音频关键字等，让系统更好地去认识自己。

内容（表达自己）

首先最重要的是让机器认为我们的作品是标签明确且分类明确的。比如竖屏要采用夸张的一帧，标题最好是白色系统色，跟背景形成强烈反差，运用疑问句、祈使句拎出夸张点等，通过这样的一套方法去包装账号中的作品。

其次是人为的策划。第一步是做好内容的分类和定位，然后理清受众需求；第二步是找标杆，分析可控资源，可以像"拉片子"一样模仿创作，找到适合自己的套路；第三步是整理模版，可以用"对标法"找到流水化模版，也可以用"主体替换法"的万能法则，通过"谁 + 在哪儿 + 干什么"这一公式，进行主体替换，也可以形成无限多的创意。

在社交平台上，其实不需要担心拍摄手法是否足够高端、高级，甚至不用担心出镜的人是否足够好看。因为社交平台上的视频不是作品，而是社交颗粒，因此真挚比技巧更重要。

星站帮企业代运营过许多账号，在选择主播时，刚开始那些外表好看的女孩子流量最高，但最后能坚持下来的人不一定特别好看。因此，成为"网红"不是长相问题，而在于能否坚持。一个舞蹈主播一天连续直播六个小时，甚至在一些关键的 PK 时期一天直播三个小时，接下来的时间还不能休息，只有这样才能成长为一个平台上的好主播，还要这样连续干两三年。对于一个普通人来说，可能干两三天就累了，或者歇一个礼拜再做两三天。网红是一个苦力活、体力活，对于人的毅力也有极大的要求，更重要的是坚持。所以我们看到自己的账号粉丝数涨起来以后，别人会觉得我们的数据算法和运营很厉害，但是我内心知道，这其实是因为我们团队形成了一套把管理与持续运营内容相结合的模式。

总结一句话，做网红是始于颜值，陷于才华，忠于人品。可以通过视觉上的刺激让大家关注，而留住粉丝就要输出价值观干货和才华，最后通过价值观的沉淀获取自己的死忠粉。

运营（适应环境）

创作者需要大量地输出优质视频，保持内容的连贯性和运营的连贯性。内容的连贯性是指主题要连贯，而运营的连贯性则指的是每天上传的时间、频度要固定。如果账号在快手上超过 5 万粉丝，后台会有一个粉丝活跃的时间，运营时固定提早半小时去发布。一旦错过时间，这个账号的使用习惯可能就会被打乱。短期可能不会看到不好的效果，但是账号如果处于乱发视频的状态，粉丝数就涨不起来。对于我们来说，每个作品不一定都是一百分，只要持续输出七十分的视频，并且满足平台的条件，加上推荐规律、运营账号、不同的包装，这个账号就一定能火。此外，需要注意作品是否涉及非原创、内容违规和广告违规，要遵守平台环境规则。

虽然有一些人不太认可，但我依然坚持这个时代不再是内容为王，而是"内容＋运营＋数据"的组合拳。当人们看到一个网红账号出现时，会以为是内容做得好，但其实是对于整个数据的分析和内容的把控才能让内容更好地被推荐到大家眼前。

短视频变现的逻辑

视频实现商业变现背后有两条逻辑。首先，人们来到视频平台，本质上其实是在用时间去交换好的内容。如果视频作品是被消费的内容本身，视频就成为一个商品，那是不能赚钱的；但如果视频只是商品的引流者，那这时视频就是可以赚钱的。其次，当内容做好之后，如果想要去打通电商或者实现后续的知识付费变现，就需要建立信任。只有通过社交关系才能把内容属性转变成对人的信任，从而用弱社交带来强转化，带来商业的变现。

目前带货直播平台的算法也在不断地进行调整，在直播中带货的主播分为两种：第一种是个人魅力型，当粉丝基数足够大时，就一定会有转化；第二种是纯粹的带货主播，直播内容与售卖的东西一致，比如账号内容是教人如何学习，出售的是学习课程，二者是一致的。

只要掌握了正确的运营方式和手段，给账号打上合适的标签，获得粉丝，就能通过向粉丝进行精准投放来实现业绩的转化。在平台上实现变现，一般有销售出击法、购物车小店、微商与代理裂变和知识付费等方式。

销售出击法是一个高客单价、决策慢、系统性销售话术的全套解决方案，通过内容建立信任，完成转化。有很多情感付费，比如教用户如何打败外面的情敌等，就是采用这个方法。

购物车小店由快手推出，可以在直播间、直播后的主页或者短视频挂靠购物车，这是一种针对低客单价、冲动型消费、大众消费品的解决方案，既可以像"醉鹅娘"一样卖酒，也能像"杨妈颠覆英语"一样卖英语课。

微商代理与裂变则是将好的内容作为落脚点，获取流量，赢得关注，然后在社交应用上去做扩散。微商引流需要整个团队通力合作去完成品牌文案、推广营销等任务，是一种"家族"模式的变现方法。

变现的本质是信息差，创造的价值空间是看到那些需要帮助的人，把更好的解决问题的方法告诉他们，这时这个价值就被实现了。

可以说，只要获取的是精准粉丝，就都可以实现变现。当下追求的不再是为了某一个爆款视频而去行动，而是为了获得精准的流量、实现自己的目的。我们可以成为供应链上重要的一个环节，也可以成为帮别人获取粉丝的一个环节，而最大的价值是拥有一套方式让所有希望获得流量的人拥有更高的流量，这才是一个有更大想象空间的事业。

对 话 朱 峰

李小萌：您觉得内容生产者和短视频机构哪个更像是您的模式的精准受众？

朱峰：只要是想了解短视频直播电商的人、商家、特别是供应链厂家，我都很乐意交流。如果是一个做企业的人，听我的分享，他会想我怎么为自己的企业获得新的流量；如果是学生，大家会想毕业以后如何创造更大的价值，实现个人理想；如果是 MCN，他会考虑从纯做内容创意的坑里跳出来，更多地了解平台的运营思路。

李小萌：我们听一个演讲的课程，一般有不同的模式，有的是交互式的，有的是陈述一个人的观点，而您呈现给听众的都是结论，您的自信和判断的依据是什么？

朱峰：依据是长时间的一线运营，不断地测试和证实、证伪，我认为是科学的。

主持人：2019 年短视频开始疯狂变现，但是各种变现方式对内容创作者来说还是很有限，未来可能会出现哪种盈利方式？知识类的账号能"站着"就把钱挣了吗？

朱峰：在互联网上变现包括广告、直播、游戏和电商这四种。知识付费是电商的变体，如果想发明一些新的变现的方式，就是在这四种中找新的应用场景。

李小萌：我们这些已经有一定职业历史的人，接触新媒体的时候会有一定的门槛，比如我看到抖音和快手的风格，会觉得很难适应它们的方式。对于我们这种有过去"人设"的职业人，短视频和直播有没有嫁接的机会？

朱峰：有巨大的机会。我认为人性是不变的，大家对于美好事物有追求、有贪嗔痴的心理，这不会变。然而国家大事和我们心里最珍贵的东西其实是普通的内容创作者所没有的，如果我是您，我会把这个方式翻译成年轻人更容易接受的方式，但依然传递我坚定的价值观。

百家号：星站与平台方的合作形式是什么样的？

朱峰：在过去传统媒体的时期，一定要和媒体人打好关系，与他们关系好了就能得到更多的信任，就会去推荐我们的内容。但是在现在千人千面分发的平台上，与任何人关系好都是没用的，最后还是看用户的喜好。我们早期入驻快手时，并没有想过去联系任何内部的人员，因为我很了解快手平台的价值观和算法逻辑。即使是内部人员，了解的信息也是极为有限的。而我们通过自己制定的 AB test 流程得到了上热门的规律，那就是我们公司的价值，所以在这一点上我们与平台是齐头并进，不需要直接对接合作就达成了所谓的合作。

百家号：在培养网红、实现变现的过程中是否存在一些需要注意和规避的风险？

朱峰：要看流量本质上把控在谁的手里，这也是一直以来摆在 MCN 面前的一个难题。核心流量如果不控制在自己手中，而是在网红手中的话，MCN

就只是一个中间商，我认为是没有产生真正价值的，所以最重要的是对主播或账号的把控度。对于我们来说，是不挑人的，任何一个素人只要知道要满足的目的是什么，我们就可以打造出来，但他自己却很难做到。主播对于账号来说只是"演员"的角色，即使离开公司也没关系，因为账号是把握在我们手中的，人设比人更值钱，只需要将人替换掉即可，损失并不大。

提问者： 我自己经营的 B 站账号上过一次热门，视频从几百个播放量到 5 万多，也涨了比较多的粉丝。我比较擅长艺术类的，也想尝试一点美妆，我很困惑我的定位以及角色转化，也对我未来的自媒体发展方向感到困惑，未来我应该怎么发展？

朱峰： 你所提问题的出发角度是你喜欢做什么，你要做什么，比如喜欢旅游就要做旅游博主，喜欢吃就要做美食博主。我认为你的思路可以换一换，要想你想帮助什么人，这个人群大概有多大；当看到一群人需要帮助，要想他们不懂的是什么，可以怎么帮到他们。如果能有这个思路，你会发现越想越大。如果只从自己出发会越想越小，因为你的兴趣有限，但是人的需求和发展是无限的。有了特别想要帮助的人之后，就可以看看这件事情世界上哪些公司做到了，做到什么程度，有多少人因为它们的出现得到了改善，而又有多少人没有得到满足，那些没有得到满足的就有机会。

朱峰，星站 TV 创始人。2017 年被评为"福布斯亚洲 30 位 30 岁以下杰出人才"，清华大学毕业，清华文创院理事，清华企业家协会成员。快手教育生态合伙人，快手官方公号专栏作者。

（整理者：周婉卿）

洋葱聂阳德：从 0 到 1 打造现象级 IP，爆款背后有法可循

聂阳德

洋葱集团联合创始人

从 2016 年、2017 年、2018 年，到 2019 年，我们有一个非常切身的体会：只要跟商业有关系的行业，都特别在意流量，大家都有流量的焦虑。目前互联网用户和时长争夺日趋激烈，在移动互联网的竖屏时代下，主要的增长和流量获取的机会集中在短视频上。各平台和机构展开了激烈的竞逐，全国的 MCN 机构，从零星的几家已经发展到了几千家，不管是做抖音，还是做快手，挑战越来越大。

短视频运作高度专业化

许多人觉得短视频内容火起来是偶然事件，实际上大都是经过策划的。

UGC 的内容拍摄手法比较自然，会让观众觉得更有代入感，也更容易吸引大家眼球、更有生命力。如果采用 UGC 的表现手法，普通用户看到的是 UGC 的内容，但背后其实是机构团队，依靠 PGC 的专业力量来做，这样出来的内容可能会有更好的流量表现。

这种 "UGC + PGC = PUGC" 的打造模式，通过办公室小野等账号的例子，已经得到验证。目前几乎所有的网红背后都有机构，整个短视频的运作已经高度专业化。

洋葱于 2016 年成立，从 0 到 1 孵化出了 "办公室小野" "代古拉 K" "七舅脑爷" "大嘴博士" 等一系列账号，成为一家具有头部 IP 打造能力的 MCN 机构。5G 时代，在互联网上产生，吸引流量，并具备明星的表演能力和素养的新流量 "网生明星" 将是接下来比较大的红利。洋葱希望搭建一个 "素人 – 中腰部达人 – 头部达人 – 现象级 – 网生明星" 的账号金字塔，覆盖泛娱乐

和垂类两个领域。

爆款背后的方法论

短视频目前面临着"做爆款难""涨粉难""变现难"等诸多痛点。洋葱总结出了一套爆款内容打造的方法论，包括人设、内容、运营、变现四个重点环节。

人设：精准打造个人 IP

要基于人而不是基于栏目去进行人设打造。2017 年，行业里还有所谓的人格化 IP 和非人格化 IP 的争论，2018 年所有人都不再质疑这一点。

栏目号投入精力大，用户黏性也相对较弱，用户刷完就走了，再想获取这个用户会比较难。移动互联网时代，用户和手机很紧密地捆绑在了一起，把大量的社交放到了线上，希望线上有更多的朋友和社交联系去消解无聊的情绪。当用户觉得与账号之间具有某种社交联系时，就相对比较容易获取流量。

在打造账号矩阵时，人格化账号之间天然具有人物关系和社交关系，更有整体的生命力。做单一账号的时候，人格化比较容易，如果要做得更好，应该想整个故事框架、整个人物关系是怎样的。

如何打造人设，洋葱提出一个 SRIL 公式：

S——优势分析。在优势的选择上，要做减法而不是加法。优势太多可能会让人设失去焦点，可以将人设的优点进行排序，选取一个也许就够了。与其挑选完美的人，不如找到一个优点进行聚焦和放大。比如说我们在推"代古拉 K"的时候，发现她有个特别的优势——她的微笑很特别，像她这样刚毕业的普通女孩，追求自己的爱好，不断拼搏并始终保持微笑，这个故事能激励很多人。

R——风险分析。要对人设隐藏的"黑料"做风险评估，分析这个人设在未来会不会"惹麻烦"。此外，机构需要培养价值观相契合的账号，避免价值观上的矛盾摩擦。

I——辨识度分析。从横向（与其他达人的区别）和纵向（与同赛道达人的区别）两个方向去判断人设是否足够特别、具有辨识度。如何做辨识度分析？把同赛道的前 100 名账号做成表格，分析优点和特质，找到差异化的点。抑或用"跨界打劫"，将某个赛道的亮点进行移植。比如《虎哥说车》是个汽车节目，还是个脱口秀节目？它本身是个脱口秀，不是汽车节目。所以，它就成了垂类里面最独特的汽车账号。这么去想，思路就会宽很多，就容易在平台里面冒出来。

L——变现能力分析。做账号定位的时候，就应该想这个账号能不能赚钱，而不是在账号成长之后，才去考虑。首先，流量大的账号不一定值钱，需要看用户的精准性，以及他们是否具有变现的能力和商业价值。比如搞笑段子的流量非常大但价格非常低，很多美妆垂类的账号流量不大但商业价值很大。其次，要从账号的基因、资源出发，选择适合的变现路径，分析是否适合广告、电商卖货、直播打赏等路径。最后，要准确进行定位，不要"什么都想要"。

打造人设，还要注意避免两个方向的问题。第一，避免塑造完美人设。无伤大雅的一些小瑕疵，或者性格上的特质，反而会获得更好的流量。对互联网传播而言，真实、有温度很重要，完美人设反而会让 IP 失去特质和真实性。第二，避免与头部账号抢赛道。在互联网领域，每个垂直赛道里只有第一名，其余的都可能被认为是复制或者抄袭。因此要看到更多细分赛道的机会，而不要进行正面的竞争。

内容："上瘾"的秘密

前三秒定生死，前七秒有转折。短视频不能推拉摇移。因为互联网用户的习惯已经被大量的可供选择的低成本内容训练得特别焦虑，用户刷抖音的时候，对当下的内容不会珍惜，不可能沉浸下去。这会导致什么情况出现？前 3 秒定生死。短视频要做到"高潮前置"，必须在前 3 秒抓住人心。如果做很长时间的铺垫，一瞬间抓不住用户就走了，因为下面还有无数个好看的视频。前 3 秒可以是一个冲突，或者一个反转。而且平台算法也关注完播率，用户看下去的视频，会得到流量的分配。用户看了 3 秒之后，心态会是再多看一会儿；差不多就到了第 7 秒，再出现一个转折，用户就会觉得还可以；基于厌恶损失的心理，用户通常就把 15 秒就看完了。这样的短视频数据表现就会好。

创造让人舒服的"滤镜"。抖音不是现实世界，是人们想要的世界。抖音是记录美好生活，快手是记录真实的生活，记录美好生活即源于生活高于生活。比如"七舅脑爷"这个账号就是满足一部分用户的恋爱幻想。用户看视频就是对美好的向往，滤镜使用率之所以那么高，是因为滤镜的美感给人带来很舒服的感觉。

我们发现，爆款内容都具备一些心理基础。

第一，反差感。内容呈现的效果与心理预想之间产生出差距，展露出内容或人设不同以往的属性，让用户产生认知失调。可以通过造型、视听语言、情节反转或对梗的二次创作等方法，去制造反差感。经过平台证明、有数据的梗，做二度创作也会有一定的效果。

第二，趋利避害。做短视频应该是用户思维，要想用户需要看什么样的内容，而不是简单的交付思维，只考虑完成工作，不考虑用户需求。考虑到人们趋利避害的心理，要创作让用户感觉舒服的内容，在符合社会价值观的前提下让内容接地气，让用户感受到温度。

第三，情绪地图。人都是先产生情绪，在情绪能量的驱动作用下，从而产生进一步行动。要制造爆款内容，就必须用内容抓住用户的这种情绪波动。如何调动用户的情绪？做用户的心理剧场代言人、给用户一个心理安全区、超越用户的心理预期，并给予用户社交货币。

运营：读懂平台，玩转流量

在内容和运营的关系上，运营只能为内容实现锦上添花，不可能实现雪中送炭。在内容合格的前提下，掌握好的运营方法能让数据有效放大。做运营，首先就是读懂平台的逻辑，不同平台风格不同，用户使用习惯也不同。运营包括内容运营、数据运营和用户运营。

内容运营，让文案和封面加分。内容运营是文理结合的考量，既需要用文科的感性去认知内容，也需要从数据角度去判断内容如何优化。短视频制景、文案、封面的设计，既影响用户的使用情绪和习惯，也影响平台的算法识别。抖音会把视频的文案切成词段，做排列组合，通过文案判断出目标用户，因此文案越精准越好。其他的，即使小到视频的亮度、音量等细微的调节，都会影响视频的数据。

数据运营，数据决定方向。数据运营更多的是评估立项、解析算法，根据内容转评赞的数据，分析整体需要优化的地方。赛道选择、竞争定位、人设建立，都需要利用数据分析。

用户运营，把粉丝变成朋友。无论公众号、视频和社群，用户运营都非常重要。网红运营和明星运营是有区别的，以前的明星"不食人间烟火"，距离比较远，而网红是朋友，离用户要近。做用户运营时要接地气，让用户真正成为"铁粉"，还是要让用户认同这个人，并且产生强烈的关联性。

内容的背后是人心，运营的背后是人性。好的内容是能引起共鸣的内容；运用技术和运营手法让内容表现变得更好，这是人性洞察产生的效果。

变现：离钱更近

盈利是商业公司的核心目标，所以"离钱要近"。短视频的变现方式有广告、付费打赏和电商三种，其中广告是相对最好操作的，目前短视频的广告市场份额处于增长的趋势，付费打赏难度次之，电商是相对最难的。

基因决定"钱途"，要分析自己的基因，选择做自己最擅长的板块。隔行如隔山，即使同行业的人做的都是短视频，但是在不同变现方式的成功率上也会不同。目前头部的 MCN 机构都找到了自己的赛道，并不认为对方是竞争对手。

视频很小，但是流量很大。不管是互联网巨头，还是社会上其他企业，所有行业，都在通过短视频获取流量。

对话聂阳德

李小萌：大家都说错过了小视频，就错过了一个时代。这个判断究竟怎么来的？

聂阳德：现在还存在大量下沉的用户，他们对文字的阅读和对音频的理解，要花更多的精力，而视频会更简单、容易，特别是小视频更碎片化，因此更让他们接受。短视频不是长视频的替代品，竖屏的视频更有社交属性，因为短视频的出现让用户的选择更多，整个内容生态更加多样，原来优秀的内容也会渗透得更好。

李小萌：短视频在火热的同时蕴藏着什么危机吗？

聂阳德：首先行业非常狂热，会泥沙俱下，由于很多人面对短视频这个风口极度焦虑，就出现了大量的培训班和所谓的第三方代运营公司，其中存在着"趁火打劫"的现象，对整个行业健康发展不利。其次，短视频行业是一个门槛很低的行业，但大家低估了它的难度。构建壁垒会非常痛苦，如何持续生产优质内容，如何规模化，如何在打造网红 IP 中进行良好的管理，都是考验。最后，也给行业里的公司带来了冲击，比如人才流失、艺人被挖角、人力资源各项成本的大幅增加。建议想进入这个行业的机构或投资者，一定要考虑清楚哪个细分的方向。

李小萌：在选择 IP 进行孵化的时候有没有什么标准？

聂阳德：因为这个行业发展得比较快，对洋葱这样一个公司来说没有特别苛刻的标准，特别是文娱领域，从大的策略上来讲我们要么根据定位去找人，要么就根据人来选定位。

李小萌：专业主持人拍摄短视频如何体现自己的优势？

聂阳德：首先，需要注意表述的逻辑，比如说先在短视频中说出一些接地气、短平快、口号式的观点，吸引用户，然后才有机会表达完整的内容。其次，可以通过一些例如 Vlog 的方式真实地展现生活的面貌或者性格，体现以前在严肃新闻节目没有体现的特点，让用户有亲近感和情感上的共鸣。

李小萌：您对内容和产业的长线思考是？

聂阳德：很多人在这个行业只是纯粹做一个自媒体号，从个人角度是可以的，但作为大公司是不行的。必须站在产业角度来看，在一个产业闭环中自己是哪一块，要在商业角度进行打通。洋葱比较早提出商业倒推，并在做产业结合，我们有自己的电商、有自己的品牌。

李小萌：达人在洋葱中占据什么比重？

聂阳德：达人只是流量池中一个很重要的分配要素。我们本质是构建流量池，流量池中必须要有达人、要有内容，这只是我们分配流量的能力；还要有一个能力就是把流量进行高效的商业化变现，这就是洋葱的逻辑。

提问者：如果在账号运营一段时间后遇到瓶颈，中途改变内容方向，是否会有影响？

聂阳德：首先，如果是算法平台的话，没有影响。其次，要看处在哪个阶段，如果粉丝量是几千、几万，其实还没形成风格和调性，是可以换方向的。

聂阳德，洋葱集团联合创始人，资深媒体人，电商操盘手。洋葱打造超过 400 个自主原创 IP，其中包括"办公室小野""七舅脑爷""代古拉 k"等千万现象级 IP，是抖音领先的内容机构、领先的短视频原创 IP 自主研发机构和短视频 IP 出海机构。

（整理者：龚梓玥）

知识付费

"少年得到"张泉灵：创业要思考的三个基本问题

张泉灵

紫牛基金创始合伙人、"少年得到"董事长

创业的三个问题

今天这个世界上行业和行业的界限正在慢慢消解，所以不一样的事情可能要采取同样的方法来做，或者用不同的方法却进入同一个行业。这样的事情在未来会越来越多地发生，所以我希望能把这些年来总结出的一些思维模型做一个分享。

第一个基本模型包括三个问题，无论是创办一个大的平台级公司，还是经营一个小的实体，都应该考虑。第一个问题是"想做什么"，这件事情是初心，是企业想满足客户需求的起点，也是可以提供的用户价值与商业价值所在；第二个问题是"能做什么"，就是每进入一个行业，这个行业一定是有门槛的，本质上是企业是否可以跨越这个起步的门槛；第三个问题是"可以做什么"，即需要的资源是什么，这也叫资源禀赋。

在农业时代，想做什么、能做什么、可以做什么这三个问题在本质上是不变的。工业时代把行业准入的门槛和资源禀赋这件事拉扯进了整条价值链，也就是它用社会分工的模型、用整个价值链完成了资源禀赋的拥有和连接。比如房地产这条价值链，最前面的是原材料，房地产的原材料是拿地，没有地就当不了房地产商，原材料的后面是产品设计、施工、装修、销售、售后管理，这一整条是它的价值链。在工业时代，一个公司能在价值链当中非常强有力地占有一环，并且能够对上下游形成议价权，那么就会形成它的商业价值。比如看上去碧桂园在行业里最强的是拿地能力，但是仔细分析会发现它的核心能力其实是金融周转能力，这就意味着碧桂园拿地能力比别人强，于是就对上游和下

游的定价都有了议价能力。每一个房地产商在这条价值链上所拥有的核心能力
都不太一样。

到了互联网时代，这件事发生了变化。在大量领域，用户价值被重新定义
了。住宅类房地产商能够存在的核心原因是什么？是因为大家都需要买一套房
子。但是我超级怀疑00后可能并不觉得他们的用户价值是需要一套房子，可
以住但是不需要拥有，这就是为什么前一阵市场上共享类住宅和长租公寓会快
速爆发的原因。一旦用户价值被重塑，后面的条件就都跟着变掉了。假定更多
人愿意住在这样的共享居住社区里，那么房地产产业链里面拿地就不再是核心
能力了，核心能力变成了原本偏后的运营能力。

我问阿那亚的老总："你做了阿那亚以后最大的变化是什么？"他说特别
简单，以前房地产商核心目的是卖，卖掉房子以后挣钱回来周转，核心部门是
拿地部门和销售部门；但现在所有销售的钱是不拿走的，继续变成了在阿那亚
的资产投入，所以拿的是资产增值，而非现金增值。做资产增值，核心部门就
变成运营部门，即怎样把阿那亚运营成一个社区，怎样让这个社区邻居们越来
越好。阿那亚在北戴河只有1500多户，5000个居民，但是一年要接待120万
的访客。什么时候见过一个房地产社区最后变成了景点？所以它的运营能力已
经成了核心能力，主要管的是物业，这和以前物业不被重视的情形就不同了。
所以只要发现用户价值出现改变，就意味着中间的门槛和连接的资源都会发生
改变。

再比如，我觉得大概率上未来汽车不是每一个人都必须要拥有的。用就好
了，为什么需要拥有呢？所以用户价值就变掉了。如果不需要买一辆汽车，还
需要有这么多的汽车品牌吗？每个品牌需要有这么多的型号吗？不需要。汽车
行业会发生质的改变。

再比如学校，原来的行业门槛是办学执照，为什么一定需要办学执照？因
为大家需要文凭。但是今天有大量终身学习的学校和各种知识付费的App，不
给文凭还是有很多人愿意花钱去上。文凭不再重要就意味着有人来跨界打劫
了，原来都是能拿执照的人跟你竞争，今天不是了，变成谁有用户谁跟你竞
争。所以这个事情是反过来干的。资源连接也发生了改变。原来开办MBA，
得有八个教授，但是今天没有教授都可以，只要能和教授连接就可以了。大家
不要小看连接，连接完成了商业中非常大的变化，意味着谁拥有最多用户，谁
就可以把教授的价值放到最大。所以连接本质上是可以垄断的，有一个品牌会
把最好的人统统带到这个平台上去。

我的基本思考路径就是：用户价值一旦被重新定义，行业门槛就会发生变化，那么采取连接的方式就也要跟着变化。

知 识 服 务

沿着这个思路想，少年人的知识服务平台就不是一个简单的知识付费平台，那么它应该怎么做？少年人这个领域当中，最需要的服务是什么？他们只是需要获取优质的知识内容吗？不是。少年人最缺的是什么？是时间。所以我们做知识服务的第一诉求是什么？就是帮少年人省时间，省时间包括这几个要素：

第一，不让用户学到错的。这个世界上最大的浪费时间是学了不好的东西。一种知识只要学一遍，学最好的，就省时间。

第二，在做产品设计的时候，大量做双路径的事。比如父母都认为孩子总得学点成语。那成语怎么学？我们想了一个办法，首先找了一个高考出卷的老师，他特别清楚哪些成语会反复出现在高考中；其次找了古籍研究的学者，他不仅明确成语的标准出处和用法，还懂历史，知道可考性；最后我们找出成语词典中在历史上真实发生过的近300个成语，比如南门立木、指鹿为马。用户听五分钟便会知道这个成语在历史上发生了什么，现在是怎么用的，连着听三十天就知道了一个历史时代，因为从南门立木到指鹿为马之间的历史，我们会给用户补一下。这就意味着我们思考南门立木的时候既有成语对它的记忆，又有历史对它的记忆。稍微懂一点脑科学知识的就会知道，用双路线思考同一件事情效率一定是提高的，实际上你用一份时间学了两样东西，你又有两样东西去思考同一个路径，你的效率就提高了四倍。这就是为什么我们知识服务产品的价值只要学过就会发现不容易忘。

所以我们帮助孩子省时间。大量的孩子时间花在了没学到对的东西以及一遍遍复习之上，只要帮助他省这个时间，就有竞争力，这是我们对用户价值特别重要的一个定义。

我自己在"少年得到"平台上做了一个产品，叫《泉灵的阅读表达素养课》。之所以要做人文素养，是因为人文素养特别像中医，而数学像西医。我教你一个数学定理，你就会做后面的十道题；而人文素养的话，我给你一篇文章，从题目、段落大意、中心思想到联想学一遍，它是一个循环全面的治疗。这个世界上我不相信什么东西是要靠悟的，连艺术学院都有方法和路径，人文素养也一定有方法有路径可拆解。

如果有一个领域的方法路径是你第一个做出来的，你就可以满足巨大的、未被满足的用户价值。今天知识服务行业其实已经变成了技术能力和运营能力的综合博弈，如何把用户找进来，如何通过技术把他们服务好。

一个有经验的语文老师是怎么形成的？他之前教了足够多的学生，足够多的反馈形成了他的经验。我们在越短的时间里接触到越多的孩子，能拿到的反馈和经验也就越多，而且这些经验不是简单混沌地存在于脑子里，它被结构化、数据化和个性化，是可分析、可归述和可定位的，所以这个事情就变得完全不同了。今天我们可以面对八千个孩子同时服务。这是技术和运营带来的完全不同的世界。

今天的泛教育行业在发生巨大的变化，就是因为行业门槛。第一个时代是校园时代，最大的行业门槛是有证；接着是培训的时代，虽然有证也很重要，但是最大的行业门槛是招生能力；现在其实行业门槛已经慢慢地变成技术能力和运营能力了。

连 接 思 维

资源禀赋靠的就是连接，如果你想在今天做最好的内容创业平台，你一定要有一个概念，叫作"我能被谁连接"和"我能连接谁"。"我能被谁连接"是什么意思？今天独立做平台的机会微乎其微，因为红利被吃光了，几乎所有的中国人都已经在网上了。

大家一定要形成一个商业概念，是不是都觉得医疗器械上市公司的附加值特别高？一个中国最好的医疗器械上市公司和一个普通的酱油公司相比，哪个市值大？有的人会认为显然是医疗器械的公司大。但事实相反。因为无论如何，医疗器械都只是细分人群才用得到，但酱油则是每个人都用得到且会不断复购的物品。所以每个人经常性、高频性使用的物品价值，是无法想象的。而今天高频使用的、绝大多数人都用得到的品牌，在每一个细分领域里都饱和了。所以创业的时候就要想象连接谁的问题，在哪个平台可以把他的用户变成我的用户，你要想的第一件事情应该是这个。

下一个要想象的就是供给端，我要做内容，哪怕我是最好的写手，能不能一个人把所有人都干掉？海天酱油的例子，就是想告诉大家不仅要让每个人都使用你的产品，而且要让他持续使用。即使你是一个再勤奋的写手，你聚集一个小的公司，能否完成大家高频的内容消费需求？不能。如果不能就要连接，这是做内容创业必须要思考的事情。

今天机构或平台对于整个资源连接的能量都要比单人强得多。所以有学生问我，"做自媒体可以养活自己，是否要去机构上班？"我觉得一个大学生能连接到的资源是非常非常有限的，所以其实可以去平台上一段时间的班，把平台资源转化为自己的资源再来搞连接。这是特别重要的建议，如果那个平台走得快，你就可以多干一段时间；如果你发现平台发展慢，你就跳出去。但是今天这个进化的时代，极有可能是平台发展得比个人快，我的感受是整整二十年我都跟着央视发展，就好像自己"吃掉了"央视发展最快的二十年，我如果独立发展，即使我是一个再聪明勤奋的人，也不会有今天这样的视角。

创业的初心

我做"少年得到"的初心是怎么来的？首先我的成长过程占据了世界上为数不多的优质教育资源，其次我在央视做过长期的访谈节目，只要是我想知道的任何事，都可以马上找到一流的专家，从头给我上一遍课。

但其实今天的教育资源依然是严重不平衡的。我们且不论校园内，校园外的教育资源也是严重不平衡的。我是这事的受益者，所以我特别想做一件事，就是尽我所能找资源，把这个不平衡通过科技和商业的方式弱化，尽量实现教育的平权。这件事情本身就有用户价值，也有商业价值。

举个例子，怎么让一个对天文有点兴趣的孩子爱上天文呢？我们找到高爽，一个已经是天文学家且还在认真做科普的人。请他带了十个家庭去古北水镇，夜宿在长城的帐篷里，在完全没有望远镜的情况下，讲了一晚上如何了解星空。我相信这会在十个家庭孩子的生命当中种下非常美好的种子，且这颗种子是会发芽的。这一场夜晚观星活动是有直播的，虽然大多数的孩子都不能在现场，但听到看到的东西完全是一样的。想想看，我用5%的价钱便有50%的获得，是不是一件很美好的事情？

所以创业的初心是什么？你就问自己到底想干什么，什么事情让你特别有激情。创业就是特别累的事情，如果没有兴奋是不能坚持下去的。如果只是为了解决温饱问题和小富即安的问题，今天有很多条路径可以解决，你犯不上做这个很苦的事。之所以做很苦的创业，就是因为总会有点事情点亮你。从自己的方向出发了以后，再从用户的方向出发，我可以提供什么样的用户价值？当有真正的用户价值以后，才能用商业模式去做。没有用户价值就会变成喊口号，而不会变成具体的一件事。

内容创业是一件严肃的事情。靠标题党打捞一波用户是不长久的，特别是做少年人的知识付费。因为你失去一次原则，就会失去所有的东西，所以它比一般的内容营销创业复杂得多。我们这个公司有特别重要的两个价值观：我们在少年人有兴趣的领域里，只给正确的知识；当有东西需要学的时候，我们也希望保护住少年人的热情。我可以把学校有可能考到的边角料知识全部找出来做成卷子，邀请孩子们参加培训班，但是我坚决不做，因为不符合我的用户价值。这是边际成本极高、边际效益极低的一件事，是抹杀孩子学习热情的一件事。所以在我的阅读表达素养课上，我教四样东西：学习力、情商力、创造力和思辨力。这是我的阅读表达素养课四大基础能力的构成，我觉得这也是一个人终身学习能力的基本构成。

对话张泉灵

赵音奇： 面对不同的行业或者进入一个新的企业时，有什么好的学习路径？

张泉灵： 我人生当中一个特别重要的学习方法，来自我高中的生物老师。她上第一节课的时候根本没有打开生物书，而是直接把无机物变成有机物一刹那的整个生物分化画在了黑板上，她只问了一个问题，在每一次分化的点上分别获得什么优势？所以回头看整个线路，其实就变成一个底层问题，叫作它究竟在竞争中获得了什么样的竞争优势。这给了我一个特别重要的价值观。第一，知识框架是可以整理成系统树的；第二，系统树当中是有一个底层问题的。即使你是一个外行，用系统树也可以形成对这个领域的基本认知。

赵音奇： 这是"少年得到"的底层逻辑吗？输出系统树？

张泉灵： 以前我们认为教育的本质是整一大堆东西塞到孩子头脑里的灌输式教育，其实这不正确。教育是本来人有这个潜能，我把它引导出来，潜能显化从而变成他有意识的自我学习能力。所以我们要干的事情不是整一堆很牛的知识去分享给少年人，而是按照少年人本身的成长规律，去把他那部分潜能开发出来。我们"少年得到"的人群覆盖是 5 到 15 岁，11 岁之前是没有办法理解系统树的，因为他的概括和抽象能力还没有形成，所以让 11 岁以下的孩子去看系统树，就会打磨他的学习兴趣，他需要知道的是一个已经系统化的、他可以无感知接受的、有趣的东西。后面才是慢慢教他结构化能力和思维判断能力的年龄，才会让他知道系统树是怎么搭的。

赵音奇： 在"少年得到"平台上，需要输出的是什么？是知识更重要，还是方法论更重要？

张泉灵： 知识需要有东西承载，不仅要告诉你知识，还要告诉你如何得到知识。例如"少年得到"的恐龙课，不仅是告诉孩子关于恐龙的知识，还会把这个科学家观察发现的过程和思考逻辑告诉孩子，所以知识一定是承载在某种方法上的。古诗词课也会讲怎么通过背后的故事去理解和记忆一首诗词。所以我们不会把知识和方法割裂，而是要让用户在学知识的过程中也学方法。

赵音奇： 可以分享一个创业的心法或方法论吗？

张泉灵： 其实创业的过程，真正需要的东西特别像心灵鸡汤。第一，创业是一件非常艰难的事情，所以需要初心和价值观的引领，才能说服自己，在困难的时候说服整个团队。第二，搭建团队和组织管理是一个企业非常重要的部分，因为现在释放一个人的能力是不够的，可能要在团队很小的时候，就要想办法释放每一个人的能力，用每一个人的认知边界拓展企业边界。第三，找对品牌，找对一个有成长性的赛道，一群合拍的人，让自己愿意把能量释放出来。

赵音奇： 创业对您来说最大的挑战是什么？

张泉灵： 有位创业者说过，创业其实无非就是活下来、活下去、活得好、活得牛这四个阶段。每个阶段都很难。今天能够活下来的企业，意味着必须得有一个非常有用户价值的核心产品，找到了可以自循环的盈利或融资，这两件事情都很难。活得好，就要有品牌，但知识服务领域做品牌是很不容易的，需要明显的效果和成长、优质且有温度的服务，才能变成口碑的积累，而不仅是简单的流量变现。活得牛，意味着给这个世界一定留下了某种价值观，这不仅仅是一个广告用词，而是企业通过那么多的接触点，让用户在脑海中长期积累正反馈形成的。虽然今天一个企业的扩张要比过去快得多，但也意味着面临的不确定性大得多。只能不断乐观地暗示自己，我有初心，能坚持下来。

提问者： "少年得到"怎么做获客？

张泉灵： 第一，要有好的口碑，这意味着续课率好，这是最稳定、最底层的获客手段。第二，需要新的用户，一个互联网教育公司要能够生存下去就是找到自己的核心竞争力和新的方式。无论什么方向的产品要获客，都要想着在现有的流量以外找到新的流量，或用资源交换的方式找到价值被低估的方向。

提问者： 从学习的角度，如何面对 AI 时代？

张泉灵：作为个体来说，AI 时代里一定要有综合解决问题的实力。面向未来的准备，其实需要四件事情：第一，终身学习力；第二，保持有生命质量的好身体的能力；第三，寻找乐趣的能力，让生命更有乐趣；第四，无论什么时代人类都是群体性动物，因此要有广泛的社交能力。我觉得这四个是今天的人们终身要面对的事情。

张泉灵，紫牛基金创始合伙人、"少年得到"董事长。原央视著名记者、主持人，曾主持知名栏目《东方时空》《焦点访谈》等，获得金话筒奖、金鹰奖和中国新闻界的最高奖项"范长江奖"，第 19 届中国十大杰出青年。2015 年，与猎豹移动董事长傅盛共同创立紫牛基金，并担任合伙人，致力于早期天使投资与孵化。

（整理者：朱世儒）

"早晚读书"李国庆：知识付费与创业

李国庆

当当网、早晚读书创始人

知识付费是"新瓶装旧酒"

什么是知识付费？知识付费是"新瓶装旧酒"还是"新瓶装新酒"？

既然说知识付费，那么一定有一段时间知识是免费的。没有互联网的时候，除了公共图书的借阅是免费的之外，大家看杂志、图书都要付费。知识免费的时代是十几年前互联网门户大行其道的时候，那个时候互联网的精神就是免费，我们免费从门户网站获得各种各样的知识。这样的知识免费成就了一批门户网站，其中有的网站不讲知识产权和著作权直接把知识挖来；有的平台则利用"避风港原则"①，内容由用户上传，虽然这些用户在平台以外地区注册，其实服务器都在平台主干上。那是知识免费的十年。

那么现在所谈的知识付费是什么呢？其实是"新瓶装旧酒"，实质就是为之前的音像出版物付费。十年前每个出版社都会成立一个音像出版社，音像出版分为三类内容：第一类是教育；第二类是娱乐流行，包括音乐 CD、MTV、DVD；第三类是文化百科，比如纪录片。当当网曾经是中国最大的音像出版物销售网站，后来传统音像出版物的介质消亡了，内容转移到互联网上，而且都是免费，就没有生意了。

现在音像的介质变成了互联网，这三类内容仍然不变。教育行业长期以来都有各种门类、各个形式的在线教育产品彼此激烈竞争，排名前十的网站每家烧钱都烧了十亿以上。教育类已经知识付费了。

---

① "避风港"原则是指在发生著作权侵权案件时，当 ISP（网络服务提供商）只提供空间服务，并不制作网页内容，如果 ISP 被告知侵权，则有删除的义务，否则就被视为侵权。如果侵权内容既不在 ISP 的服务器上存储，又没有被告知哪些内容应该删除，则 ISP 不承担侵权责任。

娱乐流行类内容的介质很早就转成互联网介质了，例如爱奇艺、腾讯、酷狗等内容平台。此前某网站 MP3 下载大行其道的时候，还有一个维权组织专职进行版权维护。当时的 MP3 频道拥有巨大的流量，所以该网站为了流量不管不顾反对的声音。现在，各种音乐、视频内容的著作权得到了更好的保护。

第三类是文化百科，把这样的内容转化到互联网上，叫作知识付费，与之相对应的是免费。在免费大行其道的时候，创作者没有积极性，如果可以挣到钱，没有人愿意被免费分享。知识付费有别于娱乐流行，娱乐流行关注者多而且流量很大，所以有收广告的机会，但是知识付费获取广告至少在十几年前是不可想象的，文化百科类的内容在互联网上挣不着广告费，所以才做知识付费。当下兴起的知识付费，就是文化百科出版物的另一种形式。

现在纸书的出版在下降，不是因为现在的人不读书了，而是获得知识的方式发生了深刻的变化。凯文·凯利在他的几本书中都提到：首先是内容产生的方式发生了巨大的变化，其次是屏幕阅读的趋势。但是我对屏幕的理解不一样，我说的屏读是知识付费的屏读，或者说镜头语言和音效不丰富的屏读。因为镜头语言和音效语言丰富的情况下，注意力会完全被操纵、带着走，三分钟一小高潮，七分钟一大高潮。这种获取知识的进程是不符合认知科学、支离破碎的。

内容产业的规律

知识付费是内容产业的规律。内容产业，不管是音视频出版物还是现在介质转换之后的内容，都有着恒定的规律。

第一个规律很突出，砸资本不一定能成功。许多内容分发平台想要扩张业务领域，进军内容产业上游，参与生产环节，例如许多平台花高昂的制作费推出的自制剧可能良莠不齐，这实际并不利于内容产业的发展。内容产业往上游走会遇到门槛，为了避开门槛而诞生的文化内容就像火锅，对厨师的依赖小，能标准化和迅速扩张连锁。如果大家都生产快餐文化，那最后生产快餐也会无利可图。所以从平台进入内容产业依靠的不是砸资本。很多出版社进军产业上游，融资几个亿，但砸下大量资本并不等于销售额、利润的健康持续增长。

第二个规律是知识创新。内容产业的创新是术业有专攻的，很难跨类别。做童鞋的公司不一定能做好成人鞋，做男装的也不一定能做好女装，百货行业如此，内容行业更是如此。在出版业中，做教材和做小说的完全是两个行当，做小说的进军做人文社科也不一定会成功，内容创作是很复杂的事情。现在许多知识付费是很粗制滥造的，有些知识付费平台预付作者五十万，录一百节课，这些平台把能想到的名人都邀请来讲一遍，想讲什么讲什么，全然不顾内容质量如何。术业有专攻是内容产业的规律，也是不断给新兴创业者的一个机会。不守规律的横冲直撞、野蛮生长，只会四处碰壁、头破血流。

第三个规律是内容产业适合创业。我在办当当网之前，1992年下海，进入出版业，宣传、选题、销售都由我们刚毕业的学生做，于是干脆创业了。那个时候创业都是先生产后付款，隔三个月、五个月和印刷厂、造纸厂结账，新华书店也这样跟我们结账，这个循环之所以能够实现靠的就是创意。20世纪90年代初，我发现了"心灵鸡汤"的销路，出版了"你我他"丛书，并配合"培育健康心理，塑造优秀人格"的口号。那个时候出版社没有社会学毕业的人，我是第一届恢复高考招生的学生，"你我他"丛书就这样大行其道了。刚创业的时候我并没有投入太多的资金，但第一年就赚了32万元，这是靠组织创意和洞察市场成就的。这也是内容创业的一个特征，拥有创意就适合创业。

第四个规律是内容创业有天花板。在中国，内容创业企业很难成为独角兽企业，很难做成巨大的帝国。如果做成了帝国也是靠资本纽带，他们各自单打独斗，其投资价值也是存疑的。国内像内容百科、文化百科类的一般出版物，一年大概只有三亿、五亿的销售额，这样的销售额放在美国可能就只是像兰登书屋、麦格劳—希尔等单独一个出版社的市值。在这一点上国内和国外好多公司都是没法比的，这就是第四个规律，内容产业有天花板存在。

第五个规律是内容创业能成就现金牛。内容产业失败率、风险率不高，但却存在大量的跳槽、自主创业现象，加之内容产业天花板的存在，使得该产业就像一棵长不大的"小老树"。因此内容产业很容易做成现金牛，在成熟市场取得可观市场份额，利润丰厚且稳定。

第六个是互联网带来的新规律。首先，利用互联网思维去打破国内内容产业的天花板，越来越多的内容平台从签约作品到签约作者进行探索，通过签约作者制造排他性，成就一个帝国。比如一部作品火了，下一个出版社或内容平台就抢着来签约作者，预定下一期作品。其次，内容工作室也需要一定的资金用来成长和推进，通过收购也许能用资本纽带来打造帝国，只是目前还没有成功的案例。此外，超级IP也在不断地释放影响力，许多作家甩开出版商，依靠自身的粉丝积淀和流量影响占据市场份额。比如日本动漫，一个动漫出名以后，便有投资人来给作者配助理，把出版社甩开，发行者上来就给你打款，包你出版多少次，从而使作家走向市场。还有很多人选择进入影视行业，去做更挣钱的编剧，比如韩寒、郭敬明，都选择成立影视公司，而非做出版社，也是因为有些大腕作家已经把出版社的利润挤压没了，没有必要做一个出版公司了。

知识付费还在继续探索，是否投入资本、签了名人就可以把市场清空都还在探索中，也可能会有其他的新模式。

知识付费的现状

不创新无创业。《不如去闯》的作者李柘远是耶鲁毕业生，他在毕业后先去高盛工作了两年，又去创业公司工作了一年，如今在哈佛大学读 MBA。他写的《不如去闯》成功树立起了他"国民学长""国民学霸"的人设，书做得很好，卖了 10 万册。他做的付费课程受众主要是中学生的家长，他的课会按照孩子不同的学习阶段去讲高中生和初中生的学习方法，课程收费是 199 元，半年时间卖了一千万的销售额。但现在中国的内容产业知识付费创新力普遍不足，2019 年知识付费市场不够景气。

第一，这和行业注水、滥竽充数有关。现在许多平台喜欢签知名作者，且"利用率"极高，但凡有点名气的学者都录过好几次课程了。没有作者打磨的提纲、讲稿，也没有编辑环节的审核过滤，这些内容的迅速膨胀，使知识付费出现内容注水严重的现象。此外，组稿现象也很严重，从百度收集的知识点也能当课程。由于传统出版的定价规律大都是按照字数或页数定价，一些几千字就能说清的知识，却硬生生成为了几万字甚至十几万字的作品。这种定价方式，不像是出版业，倒有点像纸张业。

知识付费应该向短而精进化，不同的知识做不同的定价。我以为知识付费对传统出版业是一个巨大的冲击，有的人写的书动辄二十万字，沉甸甸的，为什么不学日本做一些口袋版的书呢？让出版社出一个口袋版，八万字就够了。但是出版社坚决不同意，他们害怕精简的口袋版一卖，把二十万字的书冲击了。但是现在非改不可了，只有短而精才能在多媒体多介质混在一起的当下走得更好。

第二，知识付费劣币驱逐良币。本来知识付费中讲书的本意是把书讲薄，让知识更精练、更好地传播，但目前仍缺乏人才进入，选书也多依靠虚假的排行榜。知识付费内容良莠不齐，定价低廉、品质极差的作品，使得知识付费领域出现劣币驱逐良币的现象。一些大学生打短工也许就能写出50多本"精华"，整个过程没有编辑环节的过滤，更没有作者对讲稿提纲的打磨。例如有些《红楼梦》80回的解读，定价9.9元，通过渠道分销，在三四线城市订阅量可达一百多万份，但内容质量却需要置疑。

第三，知识付费资本大行其道，对编辑和专业人士尊重不够，像做工业品一样来做内容产业、来融资。就像影视公司的名气可以帮助电影在发行时获得更大的排片优势，但一经上映，决定后面三天排片的还是电影自身内容的优劣。资本横行的现实之下，付费内容可以利用低价倾销，或者用卖不动的劣质产品去抢夺用户的时间，但是他们做不到的是占领消费者的心智。

第四，纵向一体化，这是一个坏现象。许多平台不甘心只通过分发内容来获利，因此选择直接进军内容产业。这在短期内对内容产业贻害很大，因为平台自制内容会占据大量的曝光流量，平台不管质量的大肆宣传，使得文化环境乌烟瘴气、鱼龙混杂。这种商业上的纵向一体化，扼杀了文化多元性，也会抑制产业发展。为了避免这种现象，当当只给予自己的出版物1.4%的曝光流量，在畅销书排行榜的五十名中也会限制当当自出版书的数量，让榜单更加公正。

知识付费领域的弊端我们抱怨没有用，就知识付费的现状和格局而言，目前最难的是纪录片。纪录片不管是广告模式还是付费模式都不占优，付费而言看纪录片不是刚需，广告流量而言纪录片自身的流量并不足够大。

我的创业心得

第一，创业不管成败与否，都是一种特别宝贵的人生体验。创业也不一定让人变得野心勃勃，如果想从创业回到之前的状态，都可以回得去。有很多老板用人的时候，一问创过业，接着会问赚钱过吗？赚钱过，还到我这儿来打工，真高兴，赔钱过也没有关系，到我这儿就可以少赔钱。我曾聘请过几名出版公司的副总经理到当当网就职，他们后来从当当网离开，也能再继续回到出版社做总编辑。对于大多数人来说，如果你在三十岁之前不创业，再想创业就非常难了，因为多数人在大公司混到一定位置和级别，拥有现成稳定的收入之后，也就不愿意再去自己创业了，自己创业会面临风险和巨大的成本。创业是一种体验、一种人生经验，它是能够回得去的。

第二，创业要有合伙人。年轻人在独自创业时大多来不及，也干不赢。选择合伙人，有两个方面的考量：一是合伙人得一起出钱；二是钱股和干股得分开，进退有序。钱股是钱股，干股是干股，能力股不能一次给到位。例如合伙创业给对方10%干股，干一年可能就给2.5%，干满四年给10%。这就是利益分配。合伙人还要解决权力安排问题：权力安排上，第一创始人的投票权应占51%及以上，因为持股在51%以上可以拥有对公司重大事项的决定权；如果三个人合伙，每人持股33%是最坏的结构；如果没有高投票权，也要有一致行动人，要能把握大事决策权。分清责、权、利，避免合伙人"一锅粥"。

第三，内容创业不要贪大，小创业公司不要想着剥削别人。我2019年2月退出了当当，并于6月创立了"早晚读书"。这次创业我改变了原来"夫妻店"的模式，大比例地团结员工和各个省份的合伙人、大咖们，把股份分散出去。员工在受到这样的激励以后，都自发地努力。不像之前在当当整天声嘶力竭督促着大家往前冲，现在大家推着我往前冲。

第四，内容创业要拥有洞察力。在企业家创新的规律中有三点被普遍认可：洞察力、能量和诚信。在这三点中洞察力是最重要的。大公司可以依靠数据、算法管理公司，但创业公司一定要在特定的细分市场拥有洞察力。七八年前有一批人，他们摸索着做小剧场，小剧场做了两三个赚到了钱，这时候这些人非要做自制剧，结果赔了钱。如果缺乏洞察力，别人干什么你就干什么，这样是行不通的。内容创业一定要选择一个特定的细分市场，如今有很多成型的公司，他们的软肋就是供应的内容不对，因此个人的洞察力是最关键的。内容创业的内容是十分多样的，教三线城市的人群怎么化妆也是知识付费。通过洞察可以发现那些服务于北上广等一线城市的妆容范本不见得适用于三四线城市，而三四线的这部分市场也许是许多时尚教母所驾驭不了的，这就是特定人群带来的机会。

第五，创业需要"活着"。创业不是靠投资撑着，而是需要落单，需要"活着"。如果我们想创业或者加入创业公司，就必须要考虑第一笔销售从哪里来，在第一笔销售中找到生命力。也可以选合伙人，通俗讲就是傍大款，搭上有能力的平台；或者被定制，被定制的时候也要努力地让内容出彩，让内容触动读者。第一次创业不要去融资，刚创业时融资做事两难，找机构投资人可能会耽误工夫，而且有的投资条款可能是糟糕的陷阱。

第六，内容创业需要理清发展的方向。要想明白自己想做的是一棵长不大的"小老树"，还是想做独角兽。不要一下子就想得非常了不起，非常伟大，优秀的创业公司如果抓住了好内容，一定会有用户愿意实现付费，现金流也就能随之而来。

对话李国庆

赵音奇：文化人、企业家和网红，您更喜欢哪个身份？

李国庆：我是文化企业家，文化商人，我喜欢用商业的力量推动文化的发展，而不是去乞讨或者去征服，我希望用商业的力量把用户和内容的创造者连接起来。

赵音奇："早晚读书"对于您来说是再次创业，如果让创立当当的李国庆给创立"早晚读书"的李国庆一条创业忠告，您会给什么？

李国庆：财散人聚。当当现在公开的数据中我们家的股份占到了92%，其他管理层只有8%，这就不对了。所以在"早晚读书"，我的公开注册股份只占到2%。我让渠道成为股东参与分红，重大事项按股权投票，信息高度透明，共享、共建、共商，给别人权利，这是一整套玩法。可能股东越不想挣快钱，越是让大家先挣钱，整个公司对股东的回报也会更高。

提问者：个人，比如说学生，假如要去做内容创业，是否值得把它当成一个主业去做呢？

李国庆：如果你是作者，不管是有兴趣写作还是专门写作都不叫创业，而是叫创作，如果今天做汽车，明天做美食，那是不行的。但是如果做一个机构，比如MCN（多渠道网络）机构，才叫创业，这样的创业需要专职。

提问者：知识付费内容如何定价？

李国庆：内容产业的定价规律跟电影、软件是一个规律，多一个复制，边际成本几乎为零。一本经典著作《信息规则》里面就提到定价规律。一些内容该薄利多销，一些学术内容，受众很窄，可能就一万个、一千个用户，但是课程的价值在五百块钱一节，用户也愿意买。因此要彻底打破纸书的定价规律。

提问者：如何提高讲书的质量？

李国庆：凯文·凯利说内容创作应该广泛征集并拥有过滤机制。但是现在这些知识付费网站却没有过滤机制，拆书的人很多，一下子拆了上万本书，但是就只有三个编辑，光看拆书的稿都看不过来，更别说看原书。我们的观念是精细选，精细研，有六道程序过滤；讲书时十五分钟"明其义"，举一反三，这一点就看大咖讲的水平了；最后十分钟是"辩其理"，书的局限性是什么，哪里适用哪里不适用。

提问者：您认为知识付费行业接下来会有哪些变化？

李国庆：知识付费比娱乐领域还是窄多了。知识付费的关键是要抓住用户痛点，痛点不断转移，人群在细分。普遍的痛点可能都抓完了，像中国文化必修课，已经讲过一遍了，只有细分，讲明朝那些事儿，宋朝那些事儿。本来知识付费就无轰动性，可能就适合特定人群。所以我考核编辑部就是考核收听时长和完听率，用户数针对不同的选题，是没有可比性的。早晚读书的特点就是我们不轻易做课程，第一年我们不做，就解读书。我们就抓住用户的痛点是没有时间，我把书讲给大家听了，45分钟听完就可以不买书了；另一个问题是不知道读什么书，我们就让大咖给大家选择书；第三个，读书读不懂，听听解书可以"明其义、辨其理"。我特别赞成大众创业、万众创新，当然创新有商业的创新，非商业的创新，包括科技的发明，我希望看到更多人走向商业的创新，推动我们社会的发展。特别是在经济不景气的时候，内容知识付费是刚需，有"口红效应"，更多人加入知识付费这个创新创业大军中来。

李国庆，"早晚读书"总编辑，当当网创始人。作为中国第一批互联网企业家，带领当当成为中国第一家完全基于线上业务、在美国上市的B2C网上商城。现进军知识付费领域创办"早晚读书"，并担任CEO及总编辑。

（整理者：符怡）

媒体融合

人民网唐胜宏：媒体融合进行时

唐胜宏

人民网研究院副院长

媒体融合是什么

"媒体融合"起源于美国，并随着以互联网为代表的信息传播技术扩散和传媒市场的变化而逐步为其他国家和地区所采纳。世纪之交，媒体融合传入中国，因为针对"media"一词翻译结果多样，所以学界和业界长期混用着"媒体融合"和"媒介融合"等概念。

媒体融合的理论发展

1983 年，美国麻省理工学院教授伊锡尔·德·索拉·普尔（Ithiel de Sola Pool）在《自由的科技》一书中首次提出"形态融合"（Convergence of Modes）的概念。他在书中说道："历史中分散的传播方式通过数字电子技术彼此结合……无论是对话、面向众人的表演、新闻或是文本等传播方式都经由电子分发技术越来越成为一个庞大的整体……多种媒介呈现出多功能一体化的趋势。"自此，媒体融合作为一个学理概念被提出。

随着数字化融合发展，美国学界对媒体融合内涵的认识也从技术的一隅蔓延至产业、组织、文化等多个领域范畴。比如美国西北大学李奇·戈登（Rich Gordon）教授提出，媒体融合分为两个层面：其一是技术融合，不同的媒介技术形态融合在一起，在内容生产、内容分发与内容消费三个方面形成一种新的媒体形态；其二是组织融合，一切媒体及其有关要素的结合、汇聚甚至融合，包括所有权融合、策略性融合、结构性融合、信息采集融合、新闻表达融合等。麻省理工学院教授亨利·詹金斯（Henry Jenkins）将媒体融合扩展到了更广阔的领域，他提出媒体融合是技术融合、经济融合、社会与组织融合、文化融合、全球融合的不断递进过程。

媒体融合的实践发展

在技术融合方面，1994 年，纽约时报报道圣荷赛水星报与美国在线共同推出电子报服务，用了一个小标题 "一次媒体融合"（A Media Convergence）；1995 年 12 月，美国微软公司与全国广播公司联手，在互联网上开设 24 小时连续播出的有线电视频道；《华尔街日报》《纽约时报》等主要纸媒纷纷开设网站，如纽约时报集团共建立了 30 多个不同类型的网站，多以提供免费新闻为主。

在组织融合方面，2001 年，美国在线（AOL）与时代华纳合并，成为当时媒介跨界融合的标志性事件，在中国也引起了很大的反响。《塔帕论坛报》（Tampa Tribune）与塔帕湾在线网、WFLA 电视台在同一屋檐下办公，编辑部合而为一，也成为业界推崇的融合范本，"全媒体" 概念也在此时应运而生。与此同时，媒体组织的内部也有融合的迹象。纽约时报集团内部组织重组，成立数字时报公司，将旗下各子媒的网站整合在一起，按介质类型，形成新媒体集团、报纸集团、广播集团、杂志集团的四边结构。

随着脸谱、谷歌、苹果为代表的科技公司开始涉足新闻领域，抢夺新闻流量入口，削弱了媒体对用户、内容、广告的控制权，迫使美国媒体机构进行全方位、多角度、模式各异的变革。

技术上，各媒体积极采纳移动、社交、视频等应用，丰富新闻采集、制作、呈现、分发手段。组织上，媒体普遍建设了以 "中央厨房" 为代表的全媒体新闻编辑部，形成了统一的内容数据库和用户数据库，通过整合来削减成本，盘活现有的资源。流程上，各媒体进行跨平台采编协作，重新确定分发次序，多数都提出 "移动优先" 战略。重大和突发的新闻都是按照移动端、网站和传统媒体的顺序依次在推送。经营上，拓展业务领域和盈利模式，开始进行多元化发展。

无论是美国学界还是美国媒体业界，对媒体融合的探讨与实践都非常多，在 "媒体融合" 进入中国后，国内对于这些理论和方法都有所借鉴。

"媒体融合" 进入中国

1. 2014 年之前的学界研究

"媒体融合" 进入中国是什么时候呢？我们经过研究得出的结论是 1998

年。1998 年，《中国青年科技》杂志发表了陆群所写的《媒体融合——未来传播的大趋势》一文，介绍了美国和中国传统媒体开设网站的情况，这是媒体融合在中国有据可查的"首次现身"。

2005 年，中国人民大学蔡雯教授在赴美考察后，撰写系列访谈记录和考察报告，将媒体融合和融合新闻等概念正式引入中国学术研究领域。她认为媒体融合不仅是指各种媒体组织之间的合作模式，还是各种类型的媒体通过新介质真正地实现汇聚和融合的一种独立运行、流程完整、操作规范的新闻生产模式。

2014 年中央出台《关于推动传统媒体和新兴媒体融合发展的指导意见》，在这个时间节点的前后，学界和业界的研究和探索有很明显的区别。在这之前，研究者主要参照西方媒体融合研究和进展，从各自角度、各有侧重地进行研究，突出表现在对媒体融合概念的理解上。

徐沁从广义和狭义提出了媒体融合"两维说"，他认为狭义的媒体融合是指不同的媒介技术形态融合在一起，形成一种新的媒介技术形态；而广义媒体融合则包含一切媒介及其相关要素的结合、汇聚和融合，如媒介形态、传播手段、所有权、组织结构等要素的融合。

熊澄宇和雷建军则从业务、规制、用户等方面提出了媒体融合的"三层说"；蔡雯和王学文又提出了媒体融合的"过程说"；喻国明是从媒体经营角度说明了媒体融合的"目的说"。

2. 2014 年之前的业界探索

媒体融合并非凭空出现，在这个概念出现之前，媒体其实一直在实践、探索。

首先是网站建设大发展时期。20 世纪 90 年代中期，中国各主要媒体开始建设网站，人民网也于 1997 年上线。另一方面媒体网站与商业门户网站、电信运营商等通过新闻转载、建设移动梦网、发行手机报等形式实现跨界合作和利益分成。网络媒体作为新生力量的优势也激发出一些跨界融合尝试，如2000～2001 年，"千龙网""东方网""南方网"等先后创建，打破电视、报纸、广播、出版和网络的界限，实现了本地媒体的跨媒介融合。

在这之后，中国进入全媒体转型时期。2005 年，时任《京华时报》社长的吴海民提出了"拐点论"，认为"传统报业正面临着一场战略性转型和结构性再造的挑战。报业集团将不再是报纸品种的单一组合，而是向着多媒体的方向渗透和组合，通过网络向着音频视频及 IPTV 等多个领域进军"。

当时部分媒体开始自发进行战略重组，展开全媒体发展路径的探索，报网融合、台网融合成为热点。如 2008 年，烟台日报传媒集团成立集团层面的全媒体新闻中心，形成以全媒体数字复合出版系统平台为轴心，全媒体生产、全介质传播、全方位营销为特征的全媒体运营，在早期的媒体转型中成为一个典型范例。这时全媒体发展战略主要强调一个媒体对多种传播介质的拥有，多是传统媒体兼并新兴媒体，多表现为传统媒体的数字化转型与扩展，多是各地媒体单独自发的行动。

2012 年前后，我国移动互联网、社交网络快速发展，新兴媒体生成舆论、影响舆论的能力日渐增强，成为人们特别是年轻人获取信息的主渠道，对传统媒体的挑战日益凸显。

通过回顾学界的探讨和业界的进程，更加说明媒体融合是对信息传播技术发展所引发媒体技术、内容、产业聚合现状的描述，也是对媒体一体化发展趋势的预见和假设。在全球范围内，媒体融合的理念由实践而来，又与政策一道推动着实践的发展。

媒体融合带来的变化

媒体融合带来的变化，可以从传播介质、传播机构、内容及其生产者三个方面来观察。

首先是在传播介质方面的融合。由于媒体首先是一种传播的介质载体，媒体融合反映了技术发展使得媒体介质数字化、网络化、平台化——不同媒介呈现多功能一体化的趋势，报纸、广播、电视所对应的图文、声音、视频融合于一种媒介——互联网。同时，作为传播介质、载体的媒介终端极大丰富和扩展。从 2018 年开始，中国的非手机智能终端数量首次超过了手机的数量，除了手机之外还有更多的智能设备和终端成为一种媒介。电器、可穿戴设备、智能汽车甚至电表等都成为传播媒介，万物皆媒已经成为一种现实。

甚至以后将不存在物质的或固体的终端介质，实现无屏化。之前，北京邮电大学进行了一次 5G + 4K 的全息投影远程直播授课，老师在沙河校区讲课的形象被远程全息投影到西土城校区的教室里，讲课过程十分顺畅、逼真，校方还配备了机器人与老师互动。这就是"无屏化"的一种体现，凭借 5G 低时延、高速率特性，实现了 4K 影像实时传输和全息投影带来的全新课堂体验。

其次是在传播机构方面的融合。1996 年，美国通过新《电信法》，允许电信公司和有线电视网互相进入，逐渐打破信息设备行业、信息内容生产行业、信息资本投入行业、信息监管行业的界限。2010 年，中国的"三网融合"政策出台，加快推进电信网、广播电视网和互联网的融合。除了不同的行业机构，媒体业界也在进行组织融合、所有权融合。例如前几年华西都市报与阿里巴巴合资成立封面新闻，北京电视台和 360 公司合资成立北京时刻等。

但是，是否掌握传播介质、终端或者平台，甚至只是掌握媒介技术的机构（比如全息投影技术公司），来提供新闻信息服务，就也成为一个媒体呢？我们从名称上已经看不出来一个机构是不是媒体了，作为实体的媒体机构正在泛化。当人们提到传统媒体的时候，更多是指代那些传统的媒体形态，比如报纸、电台，但是从机构的角度来讲，已不能用传统媒体去单一概括。就像如今的《人民日报》，已从一张报纸，发展成为拥有报、刊、网、端、微、屏等十多种载体、综合覆盖用户超九亿的媒体矩阵。

最后，还有内容及其生产者的融合。万物皆媒，不仅打破了介质垄断，还使得内容生产者极大扩展和多元化，人人都有麦克风，自媒体爆发，进入多对多的传播时代。与此同时，传播内容极大丰富和多元化。曾经媒体是内容和渠道的合体，如今互联网平台号称只是"内容的搬运工"，自媒体借助第三方渠道，在各种平台发布海量内容，内容和渠道产生了分离和割裂。

媒体融合从概念源起发展到现在，还反映出一些趋向。一方面是传播形态融合，体现为融媒体作品，朝着满足人的所有感官需求的形态发展，现在能看、能听、能理解意义，今后将朝着能闻、能尝到味道、能感受到温度的形态发展。例如首届人民网内容科技创新创业大赛长三角赛区决赛获奖项目"气味王国"就是国内首家数字气味技术研发企业，运用数字气味核心技术，打造声卡、显卡以外的"嗅卡"。另一方面是传播主体交融，技术为社会个体和机构赋能，使他们都能成为传播内容的主体，成为媒体。现在来到了公共传播的时代，"老牌媒体"不再是社会上唯一能起到传播作用的主体了，各个主体之间可能就要重新站位。

全媒体不断发展，出现了全程媒体、全息媒体、全员媒体、全效媒体、信息无处不在、无所不及、无人不用，导致舆论失态、媒体格局、传播方式发生深刻变化。

2013 年全国宣传思想工作会议第一次正式提出推动传统媒体和新兴媒体融合发展。2014 年 8 月中央深改组审议通过《关于推动传统媒体和新兴媒体融合发展的指导意见》，媒体融合发展上升为国家战略。2019 年 1 月 25 日，第十九届中央政治局集体学习首次走出中南海,将课堂设在人民日报社,就全媒体时代和媒体融合发展举行第十二次集体学习。中国的媒体融合发展战略目标指向很明确,是要做大做强主流舆论,巩固全党全国人民团结奋斗的共同思想基础,为实现"两个一百年"奋斗目标、实现中华民族伟大复兴的中国梦提供强大精神力量和舆论支持。

中国媒体的媒体融合发展战略

媒体融合的驱动力

媒体融合的驱动力反映在技术发展、经济利益、公共表达三大方面。

技术驱动是指技术发展以后的数字化、互联网化、移动化、智能化等推动了媒体融合,使它发展成如今的现状。经济利益是指传播机构的"泛化"实际是由经济利益所驱动,目前互联网企业成为最大的媒体平台,比如脸谱、推特、优兔、微博、微信、抖音等,包括美国的很多媒体也是为了经济效益而推动融合。公共表达是指技术给个体、社会机构赋能后,满足了人们公共表达的需要,现在诞生了很多大 V、主播,包括 UGC、PGC 和 NGC,社会力量的加入推升内容创业热潮。

中国媒体和西方媒体的融合驱动力有本质的不同。西方大媒体被极少数不为公众熟知的家族掌控,比如美国的华尔街日报、福克斯广播公司和英国泰晤士报等知名媒体,背后都是被默多克的新闻集团所掌控。对他们来讲新闻媒体既是一门生意,也是资本的工具。

中国特有的驱动力与国家制度相关联,与新闻舆论的理念有关,是站在推进国家治理体系和治理能力现代化的高度推进媒体融合发展,是一项国家战略。

中国媒体融合的三个发展阶段

中国媒体融合的有三个发展阶段:媒体内部的融合,中央和地方媒体融合,主流媒体和其他行业融合。

媒体内部融合主要是内容、渠道、平台、管理、经营等方面的融合。

内容融合方面主要是指融媒体产品的生产制作,包括视频化、体验式、沉浸式、交互性作品的生产制作。媒体融合内容形态可能是不同的形态在融合,但是渠道实际上而是要做更多的拓展，开拓更多的传播渠道。平台融合，即是通过建设"中央厨房"这样的全媒体平台，从而实现各种资源要素的有效整合，来实现信息内容、技术应用、平台终端管理手段的共融和互通。管理融合，是指用一个标准、一把尺子、一条底线来进行管理，就是新媒体也要讲导向，所有环节都要讲导向。经营融合，主要是传统媒体和新媒体之间进行一体化的整合营销。

中央和地方媒体的融合，这可以理解为一种纵向的融合：从中央到省再到县，甚至再下一步到社区。

作为中央媒体，《人民日报》在 2017 年 8 月启动了全国党媒公共信息平台，旨在打造一个共享的技术后台，从而构建起面向全国党媒的人才共享、内容共享、技术共享、渠道共享、盈利模式紧密协作的一个公共平台。此外，还有诸如人民日报客户端"人民号"、央视移动新闻客户端、新华社现场云等平台，都在推进着媒体行业的融合。省级媒体是非常好的区域性媒体融合大平台，同时作为县级融媒体中心集成平台，使中央、省、市县形成体系，逐步实现"向基层拓展，向楼宇延伸，向群众靠近"。县级融媒体中心要把基层的电子政务服务、民生服务、综合治理等融合到一个平台上，进街道、进社区，引导群众、服务群众，解决媒体融合"最后一公里"的问题。

此外，还有主流媒体和其他行业的融合，可以理解为一种横向的融合。"新闻+政务""新闻+电商""新闻+生活服务"，这些都是媒体在积极拓展的方向。

人民网从 2018 年开始搭建了"人民优选"这个电商平台，秉持"服务国家扶贫开发、乡村振兴、健康中国战略"的理念，其产品主要是由市县党委政府、权威机构和龙头企业推荐。运行以来，主要聚焦消费扶贫和消费升级，目前已对接 80 多个中央国家机关和有关单位的定点帮扶地区，收集了 900 多款扶贫地区的产品来做电商。

习近平总书记在中央政治局第十二次集体学习时的讲话提到，要统筹处理好传统媒体和新兴媒体、中央媒体和地方媒体、主流媒体和商业平台、大众化媒体和专业性媒体的关系，不能搞"一刀切""一个样"。要形成资源集约、结构合理、差异发展、协同高效的全媒体传播体系。

中国的媒体融合可能一开始只是内部的融合再造，慢慢变成横向联合、纵向融合，到了现在是构建全媒体传播体系。所以，中国媒体融合目前是多元主体、多样内容、多重功能的大融合，走在世界前列，独具特色。

人民网在做什么

人民网是党中央机关报的网站，承担的使命是做党的主张最专业的传播者，人民利益最坚强的捍卫者。2018年底我们提出了"一二三四五"新战略：一是坚持内容主业，瞄准智能化的方向；二是坚持资本和技术双轮驱动；三要建设三大移动端产品；四是做好四层业务内容；五是实现五大价值。

坚持内容主业，瞄准智能化方向

不做好内容业务，人民网就不可能完成中央赋予的使命。此外，互联网今天已经从移动互联网走向智能互联网，所以智能化是一个坚定的方向。

技术和资本双轮驱动

做技术我们也要瞄准支撑内容主业和支撑智能化的方向，不断地强化技术领域的基因和能力。

在资本领域，除了自身作为一家上市公司，我们还联合深圳打造了深圳的文化产业基金，联合浦东新区建立了人民浦东文化创意基金，代管内蒙古文化产业基金，成都互联网创新基金等。通过一系列基金运作和我们上市公司平台的资本运行，给党媒体系注入能量。

2019年12月7日，由人民日报社主管、依托人民网建设的"传播内容认知国家重点实验室"正式挂牌成立。这是人民网引领媒体行业科技创新的重大探索，实验室主要以人工智能研究为核心，围绕主流价值观精准传播理论科学与计算、内容智能审核和风控评级、基于内容传播领域的国家网络空间治理等三个重点方向，开展传播内容认知的应用基础研究，为媒体深度融合提供技术支撑、理论依据、发展指引和决策参考。

三大移动端产品

目前，人民网在做三大移动端产品。

其一是"人民党建云"，这是在中组部指导下建设的一个智慧党建平台，现在有一百多个精品专题，三千多门党课，党建大数据实现了31个省份的数据实时抓取和分析，从而深化平台的综合服务能力。

其二是"领导留言板"，这是面向政务服务的移动端产品。到目前为止留言板的网民留言量已经达到了两百多万项，62 位省区市的党政一把手对人民网网民留言作出了回复，领导回复率达到 70%。下一步人民网还会把领导留言板和全国电子政务一网通办平台打通融合。

其三是"人民视频"，这是 2018 年 2 月正式上线的移动直播短视频平台，由人民网和腾讯、北京歌华有线合资打造。"人民视频"不仅提供视频内容，更多的还要提供手机直播、新闻短视频、拍客系统、一键式渠道分发功能等多种服务。

除了这三大移动端产品之外，人民网还在尝试做深做实垂直领域的一些产品，比如人民健康、人民体育、人民教育等。

四层内容业务

未来人民网要做好四层内容业务。

其一是内容原创，即强化新闻。在内容上旗帜鲜明坚持正确的政治方向、舆论导向、价值取向，通过理念、内容、形式、方法、手段等创新，使正面宣传质量和水平有一个明显提高。作为主流媒体，还要及时提供更多真实客观、观点鲜明的信息内容，掌握舆论场主动权和主导权，在打造内容核心竞争力上下功夫。2019 年，人民网成立了网络评论部、深度调查部和强国论坛部等，就是要着力加强评论、解读、调查等深度报道。

其二是内容运营，可以理解为一个"家政公司"。人民网输出服务、输出劳务帮助大家去做官方平台上的内容。除了中文，人民网可以做 9 个外文语种的海外社交平台的内容运营，品牌的推广以及消费的导流。除了线上运营，还可以帮助客户做线下的活动。比如 2018 年情人节，在巴黎举行的广州之夜活动，就是人民网帮助租赁了法国的大皇宫。这些方式都是在互联网条件下以社会化大分工的逻辑去实现影响力的一种迁移。

其三是内容风控，可以理解为"保安公司"。中央提出要依法加强新兴媒体管理，使网络空间更加清朗。要从维护国家政治安全、文化安全、意识形态安全的高度，加强网络内容建设，使全媒体传播在法治轨道上运行。多数的互联网平台愿意管好自己的内容，但是能力跟不上。人民网输出自己的主流意识形态管理和价值观管理的能力，帮助互联网公司把内容管好。我们今后也会致力打造一个人工智能的"风控大脑"，把人民网的能力变成人工智能能力，共享给同行。

其四是内容聚合分发。人民网为互联网应用软件和流量平台提供定制化内容聚合分发服务，与中国传媒大学、中国出版集团数字传媒有限公司、中国动漫集团、华为、小米、OPPO 等企业签署了内容聚合分发业务协议。2019 年 9 月 10 日，社会创作力量服务平台"人民智作"上线，将自媒体创作者、MCN 机构等社会化力量纳入媒体融合体系。

总体而言，在新的互联网内容生态当中，人民网希望截取其中能发挥自己优势的环节，在新的内容社会化大分工中，去重新构建、迁移影响力。

五大价值

人民网的五大价值即政治价值、传播价值、品牌价值、平台价值和资本价值。

把握媒体融合发展趋势

很多人都会问：全媒体时代或人工智能时代还需要专业媒体吗？我认为只要还有社会分工，只要机器还不能完全替代人，就依然需要专业的媒体和媒体人。我们需要专业媒体是因为它不仅满足了信息传播的需求，还能帮助人们"瞭望"社会，做整个社会的整合。

专业的媒体自有其核心竞争力，比如能够深入现场、提供全面的事实和独到的思想等。媒体机构的样子可能已经发生变化，但不管媒体形态怎么变，舆论格局怎么变，原创依然是这个社会最宝贵的资源，思想依然是媒体最重要的品质，理性依然是时代最需要的力量。

此外我认为专业媒体人的优势还在于其专业性和精品化制作能力，他们应该比一般公众做出来的内容更专业和高级。例如人民日报社推出的"中国一分钟"系列微视频，获得了中国短视频新闻一等奖。它反映了改革开放四十年成就的整体风貌，提供了解读中国的全新视角。整个系列微视频线上阅读播放量超过 24 亿，线下覆盖的用户数超过 2.5 亿，这是专业媒体的力量。

把握媒体融合发展趋势，内容是根本，但同时也要非常重视内容与技术的深度融合，一定要坚持掌握先进的生产力，而科学技术就是第一生产力。2019年，我们制定了《人民网深度融合三年规划纲要》，提出人民网要成为"内容科技领军企业"，就是要发挥技术驱动与先导作用。通过打造人工智能引擎和建设国家重点实验室，以资本运作来做支撑。

原来我们一直说互联网是去中心化的，但实际上技术的发展形成了互联网的"再中心化"。第四次信息技术革命的本质在于技术已经超越了人脑所能达到的计算能力，掌握数据、掌握人工智能技术，才能居于主导地位。

目前人们更多在意技术本身，但是随着技术的发展，人类对自身以及人类社会发展所需要的规则、伦理的思考将会越来越显示出其重要性，我们会越来越关注到一个问题：如何认知人类自己？比如如何判定这条信息符合某个人的需求（想知道的、应知而未知的），涉及判断一个人的属性及其需要等，都依然是很复杂的问题——认识自己是终究是最难的。

媒体融合是技术发展所驱动，在中国更是提升国家治理体系和治理能力现代化的顶层设计。中国既顺应技术发展趋势，又要通过媒体融合更好地为社会发展服务。我们正在努力抓住技术发展机遇，在新的内容社会化分工中发挥优势、做出贡献。

对话唐胜宏

李小萌：《人民日报》当时转做人民网，又变成多媒体融合，做到今天这种程度，在融媒体发展中走在时代的前列，而不仅仅满足做一个《人民日报》的网络版，这是为什么？

唐胜宏：首先，《人民日报》也好，人民网也好，我们一直具有使命感。人民日报是党中央机关报，一直强调要把党的声音传的更开、更广、更深入，在这个站位和使命上，一刻都没有松懈。1997 年 1 月 1 日人民网创建，当时互联网在中国其实也刚刚起步。人民日报从了解到互联网以后，就在思考怎么让主流媒体声音能通过互联网得到更好的传播。我个人是觉得人民网的创建确实是当时的高瞻远瞩，因为谁也没有看清未来，只觉得是符合我们使命发展需求的。人民网是从"三五条枪"一直发展到现在 2800 多人，成为一个综合性的网站。人民网也不仅仅是只有网站，我们最早也建设了客户端，那时还叫"人民新闻"，后来是 2014 年报社有总体的媒体融合发展战略以后，由新媒体中心开始继续建设客户端，现在叫《人民日报》客户端，把它进一步做大做强。从《人民日报》网络版这么一个网站开始，我们慢慢发展到有客户端、微博微信账号、抖音账号等，成为全方位的具备十多种载体，覆盖九亿人群的人民媒体矩阵，就是为了不断地扩展主流媒体的传播力和影响力。以后可能还会出现一些新的传播方式、媒体形态，我们都会去尝试探索。"读者在哪里、受众在哪里，宣传报道的触角就要伸向哪里"，这是我们的职责使命所在。

李小萌：《人民日报》是中央级媒体，代表党和国家的声音，不需要有那么强的市场，因为资源是得天独厚的。但是当成为一个客户端去跟网友进行互动时，要换一个思路，这种转变是如何做到的？

唐胜宏：这种转变还是有一定的难度的。因为传统媒体在原来的时代，没有像刚才说的媒体融合发展，传播机构和主体的多元化，所以相对没有那么大压力，资源也很多。但是媒体融合时代来了以后，需要我们更多地去和用户连接、互动。其实这也是我们一直秉承的做新闻传播和舆论引导的理念，要以人民为中心、以用户为中心，这确实是一个本质的要求。不管什么年代，我们都需要满足传播对象的信息需求，去和用户建立实质性的联系。做媒体跟用户的互动是特别重要的，就跟人和人之间的交往一样，只有建立起一种信任的关系、价值的认同，才会拥有真正的忠实用户和支持者，形成交流和共识的凝聚。

李小萌：现在人人都可以发布自己的观点到社交媒体平台中，你怎么看现在这么一个大的媒体生态？

唐胜宏：我觉得技术的进步带来传播门槛的降低，这是一件好事。我们每个人其实都有很多个性化的特点，每个人的思想也都是值得交流、值得尊重的。这个媒体生态下，我并不觉得传播要分成三六九等，而应该是发展技术，让技术更多地为个人和社会赋能，降低门槛，让大家有表达的便利，促进社会思想的交流。但同时我也觉得需要有一个共识，即每个人在对社会公众发表观点或者思想的时候，可能要更多增强一点责任意识。所谓影响越大，责任越大。所以我是觉得互联网带来了这种便利，也需要慢慢提升每个人的责任意识。

李小萌：目前大家也许不会首先下载《人民日报》客户端作为获取信息的第一选择，人民网怎么看待这样的趋势？

唐胜宏：我们提供四层内容业务，其中提到了比如说做代运营或者内容风控。很多时候我们是不直接面对用户的，他们不知道人民网运营的内容是人民网的作品。但是我们只要是把优质的内容输出，让大家看到的都是好的内容，我觉得这也是一种影响力的表现，未必只有打上人民网的标识让大家知道才会有成就感。我们也希望人民网的产品能得到大家的认可，但我们更希望通过我们的能力或者各个环节的介入，能扩大这种影响力。可能大家都忘了人民网，但是我们整个社会或者舆论场上呈现出的都是美好的东西，人民网贡献了一份力量，也是很好的。

提问者：中央媒体和地方媒体的媒体融合在做法上有什么区别？

唐胜宏：大的方面来说，其实做法上没有本质区别，如果有差别，只是因为各自的定位不太一样。比如中央媒体更多的是作为一种综合性的全国性媒体，甚至是对外代表中国的媒体，所以它的作用发挥或者它的媒体融合，更强调更高的站位。省级地方的媒体比起中央媒体其实也有很多优势，因为它是覆盖一个地域，可以深入到县市区，现在有些省市媒体在地方是非常有竞争力的。各有各的特色和优势，但是从媒体融合总体的目标指向来说，就是要壮大主流舆论，扩大主流价值的影响力版图，在全国来做，在地方来做，要求都是一样的。

提问者：我国媒体融合的困境是什么？如何来破局？

唐胜宏：说到困难，首先我觉得媒体融合本身是一个由技术驱动的过程，任何一种新技术出现，它带来的变革和变化，都需要人去适应，也需要很多机构适应的。《人民日报》的工作者从原来做传统文字采访编辑工作，要转到现在做融媒体产品的采编工作，就是要适应，这个过程是有阵痛的。还有整个机制、流程的再造和调整，都会有一些障碍或者需要解决的问题。还有就是技术问题，传统媒体与互联网公司、技术公司相比，基因不太一样，在技术上还是有一些短板。所以现在强调要建立媒体融合国家重点实验室，确实是我们在下决心一定要补齐技术的短板，掌握先进生产力，才能在媒体融合的大背景下，在全媒体时代占据主导地位。

唐胜宏，主任编辑，人民网研究院副院长。长期从事新闻网站管理和媒介发展、网络传播研究。参与或主持《推动传统媒体与新媒体融合发展研究》等多项国家社科基金项目及部委课题。担任人民日报社《中国媒体融合发展年度报告》（2014）（2015）执行主编，我国首部移动互联网蓝皮书《中国移动互联网发展报告》副主编。主持研究发布《中国媒体融合传播指数报告》等。2017 年 11 月，人民网研究院入选中国核心智库榜单。

（整理者：徐嘉欣）

阿基米德王海滨：媒体转型是能力革命

王海滨

阿基米德传媒 CEO

被称为"超级智能收音机"的阿基米德，已经成为国内音频行业一个独特的产品。这种独特不仅体现在其是出生于体制内的创业，更在于作为倚靠传统广播而诞生的新媒体平台。

媒体的介质危机与标准危机

我曾经是广播行业的记者和主持人，有着将近三十年的从业经验，所以对广播行业比较了解。广播是线性传播的媒体，时间单一传播，一天加在一起最大量就是 24 小时，意味着一个城市，比如北京有 8 个电台，那就是 8×24（小时）；上海有 12 家广播电台就是 12×24（小时），这就是一个媒体的空间总量，是有上限的。国家广播电视总局要求每小时节目广告不超过 12 分钟，稍加计算就可以大概知道整个广播电台可以播放的广告总量。再计算 20%、40% 的广告满载率，加上每年可以上涨的广告刊例增幅，每个广播电台或每个区域广播电台的年收入都可以一目了然。

传统广播是一个有天花板的业务。即使广播电台这个细分领域的行业规模还在这里——上海广播到 2019 年收入仍然可以超过五个亿，全国广播行业收入 2019 年仍然可以超过 140 亿元——但这个行业还是受到了极大的冲击。这个冲击不仅来自非线性传播的音频，更来自整个移动互联网。现在报纸没有人订了，家里没有收音机，电视机都连上盒子，或者直接是移动互联网电视，电视台、电台、报社都受到移动互联网的强烈冲击，很多媒体甚至难以为继。所以在行业出现衰败要进行转型的时候，大家都会寻找一种新的介质，大家不约而同地找到了手机。

手机这个屏承载了许多功能，基本上就是"时间大战"。人们在手机上使用的时间是有限的，2019 年数据显示，人们使用手机的平均时间是 358 分钟，已经开始下降，这基本上接近极致了，一个人平均一天六个小时看手机屏，如果再往上走到八小时的话，那人的注意力就全被手机拿走了。由此，以音频行业为例，对手不是蜻蜓也不是喜马拉雅，整个行业面临着同样的对手：第一，微信；第二，今日头条系列产品；第三，阿里巴巴旗下甚至包括支付宝等。现在平均一个手机差不多有三十几款应用软件，用户已经高度集中，导致我们现在处在一个尴尬的境地。

这就是介质危机。所以在移动互联网时代，媒体转型时也常常出现一种误区，即把自己的存量优势当成产品优势。存量优势就是在这个城市还有几十万人可以听我的、看我的，如果我做了 App，这几十万人可以过来下载，但实际上这个存量优势就是天花板。即使在一周之内收获二十万的用户，但接下来的一个月内、半年内，可能也就是这二十万，最多二十五万，这是一个很尴尬的境地。如何突破这种尴尬的境地是我们最大的问题。

同时还存在另一种危机——标准危机。在移动互联网时代，我们丧失了对内容好坏的评价标准。判断好坏的时候，会下意识判断这个消息是不是"10 万 +"，如果是那一定是好消息、好新闻、好内容，10 万 + 阅读量已被公众甚至业内作为内容评判的重要标准。但过往不是这么评判的，比如评选中国新闻奖，不会因为某个新闻"10 万 +"而判断出它是一个好新闻。

我们当前有两方面的颠覆，一个是介质颠覆，另一个是标准颠覆。所以传统媒体需要找到属于自己的新介质，并重新树立新闻行业的标准。

媒体的机制转型与能力重构

判断一个媒体是否转型成功的标准也缺少一个界定。在我看来，传统媒体转型成功与否可以基于两个标准：第一是生产效率是否发生质变，第二是传播效率是否发生质变。以澎湃为例，澎湃是由传统媒体转型而来，其前身《东方早报》的主要发行传播范围是上海，传播范围相对有限。但通过移动互联网，它的传播效率出现了质变，澎湃平台的影响力和声望达到非常大的程度。但从生产效率来看却并没有发生裂变，以前和现在都是以几百个记者为核心的原创性生产。所以综合来看很难判断澎湃是否完成了融媒转型的质变。

移动互联网时代最关键的其实还是要看最后是否出现一个全新的生态样态。这个生态样态是你能否迎合绝大多数用户的需求，同时这绝大多数用户需求还是个性化的需求。今天我们做的事情，已经到了任何一个媒体转型都会碰到巨大的障碍，即无论媒体的空间做怎样的挣扎和突破，都没有办法实现质的转变，这个质的转变前提是两个量——内容量和用户量。

在过去增长的过程中，数据显示在线音频用户规模4.2亿，而广播的用户仍有5.6亿，这样看来广播的用户规模仍处于优势。所以传统媒体在移动互联网环境中转型的时候，我们更多需要新的生态意识，在这个生态中、在全行业中、在细分领域中，应力求形成一个共识和合力的可能性，来面对新媒体用户的个性化需求。

今天评判一个媒体强弱的时候，是以链接人群的能力和最大限度发动用户的能力为核心要义，而链接、发动用户的能力倚靠于海量内容。微信、抖音跟我们实时对接的时候就有着无穷无尽的刺激和内容产生。所以我们找到中国广播，因为中国广播平台上一年可以生产出1700万小时的内容，这些内容理论上足以应对用户的基本内容需求，包含各种各样的新闻播报、人物访谈、交通服务类节目等。它同时也是中国最大的音乐宣发平台，每首重要的流行歌曲的走红，都跟音乐广播FM端的播放有很大的关系。这是海量内容和用户的生态基础。

在媒体转型的过程中，整个传播机制也发生了重要的变化。首先是分享机制。过去媒体传播的时候，是提供传播者认为应该传播的内容，但现在人们更多看自己想看的内容，并且每个内容的分享都按照自己的需求完成，传播变成以"我"为核心的分享机制。这意味着所有内容都要考虑与自我的关联，以及在分享以后产生什么效益。

第二个关键机制是触达。过去是覆盖式传播，即只要我的媒体、频道可以覆盖整个北京，那就是最强的媒体，不论是开车还是在家里听收音机，都一定可以听到我的节目。但现在就不是如此，现在转变为触达式传播，这种触达需要用户裂变式的触达。建立实时服务海量用户个性化的能力，让每个人都成为传播链上的志愿者，信息才有爆发和裂变的可能性。

当下希望通过纯粹的优质内容和生产团队，重新夺取在移动互联网时代内容领地的高峰，可能性其实不大。阿基米德希望在算法加数据所形成的用户洞察上，对整个行业内容进行解构，形成一个强大的PGC＋UGC的生产平台。

媒体转型的技术方向

移动互联网发展到今天，我认为专门针对传统媒体转型研发的技术还是有所缺失。媒体变革中的一个核心要素在于传播方式的变化，以前是单向传播，现在变为需要交互的双向传播，但是目前也没有诞生针对传统媒体交互需求产生的平台或技术。阿基米德在发展过程中，注重五大能力的突破，去填补媒体转型在技术上的需求，保证海量内容的生产效率和精准推送。

1. 自动化的图文音频的重构能力

自动化在阿基米德的体现，就是自动重构音频的能力，将内容按照不同的主题，通过算法做自动拆分，做到音频内容理解、音频内容聚合、内容加工生产和音频检索比对的自动化。在这个过程中，还需要形成语料库，有标签、分类、标题、剪切位置，构成阿基米德大数据 AI 的基础。这是广播海量精准内容的重要保证。

2. 域外数据的抓取和诊断能力

媒体在转型过程中，应该能够积极地进行议程设置，引导舆论的走势和发展。如果一个媒体丧失对全网新闻信息趋势的捕捉能力，不掌握整个网络和社会的舆情，就很难做到议程设置。但想做到这点很难，一方面，因为 BAT 等巨头不会主动提供这样的分析，需要自己去设法获得数据并进行处理；另一方面，面对已经产生的海量数据，在任何一个细分领域做内容分析都十分困难。

面对数据孤岛，阿基米德在"算法 + 数据 + 算力"上发力，探求有效捕捉出某个热点的趋势。对于算法，我们对工程师的要求是"不掉队"，保持跟进学习和应用新的算法；对于算力，我们在阿基米德公司成立以来做过很多尝试，比如我们试图分析有没有可能在微博热点爆发之前捕捉到微博舆情？我们做出了这类产品，就是分析热点后，做出预测性的热点问题，提前推送热点。同步启动的还有全网音频节目评价的信息，不单单用"10 万 +"作为评价一个音频节目好坏的标准，阿基米德要做的是通过全网特定维度的数据捕捉、内容分析和内容整合，为每个节目建立起动态的、体系化的、持久衡量的评价标准。

3. 连接物联网的输出能力

今天所谓的强势媒体，实际上要看其内容是否可以让任何用户在任何地方、任何时间、用任何方式都能接收到，只有达到这样的状态，才是有价值的、强势的媒体。所以目前任何媒体在转型过程中，必须要关注的一个领域就是物联网，因为所有媒体都希望内容能够在最短的时间、以最快的速度触达多个端口。其实除了最熟知的手机外，还有更多端口例如智能家居端、车机端等。

当前智能家居端最有代表性的就是智能音箱，智能音箱可以达到六千万到一亿的规模，这是非常重要的、居家必备的入口，从语音唤醒到语音消费。所以小米、阿里、华为都不惜血本投入智能音箱，甚至以极低的价格出售成本并不低的智能音箱，目的就是想抢占这个家居场景的物联网端口。

车机端也是广播转型的重要场所，从越来越大的车载屏幕可以推测出未来FM模块会逐渐退出汽车。如何让车机和音频服务完美结合，其复杂程度远不止是一个简单的FM模块操控，必须要做到跟整个驾驶密切地联系在一起。比如在车里听音乐的时候接到电话，音乐该如何回避，在语音命令时如何把音频和汽车指令更好结合，都是非常重要的考量。在车机端，广播进行着抵抗和反扑。

4. 精准用户画像的能力

从过去家庭场景中使用收音机到现在的音频领域，我们发现家里的不同成员在不同时间不同场景有着不同的内容需求，用户画像和精准推送就成为至关重要的能力。现在更多的推送是反向的，用户不用搜索，平台了解洞悉用户以后直接推送用户需要或者感兴趣的内容。

其实在十几年前广播就意识到了人群细分的重要性。大量的女性、旅游、经济、交通等广播电台应运而生，按照个性化内容需求做内容和品类的细分。今天的互联网技术用户画像能更精准知道自己每个用户的需求。当用户画像完成以后，信息传播更像是服务行为，因为"投其所好"的精准推送，用户会越来越喜欢看被推送的信息。

5. 自动运维和架构能力

当做内容的基础条件到位时，就不得不重视安全机制。在传统媒体中，编辑一条新闻要谨慎考虑新闻的准确性，核实事件、时间和人物的真实性。但现在，媒体会更多考虑信息播出后所引发的舆情效应，这就是安全机制。安全机制里包含了议程设置、舆情应对和热点引导等，这是考量一个媒体实力强弱的另一个指标。但是这套安全机制必然需要技术加持，应该有一个持续、动态的监控机制。当一条信息发出去，媒体方需要知道后续可能引发什么舆情后果。现在的舆情引爆经常处于很难控制的状态，普通企业、普通媒体，很难在这套信息的播放完整链中控制住它。过去，信息播发出去基本就等于工作完成。但是今天在传播的角度来看，所有的工作以播出为开始，前面都只是准备工作。内容只要从平台发出就会有新的交互，所有的交互都是对信息链完整的补充。交互来自三方——媒体、信源、受众。原先是一个单链，现在是互为传播，信源可以不经过媒体直接传播，而媒体可以反哺信源，受众也可以反哺媒体。

现代互联网社会的传播变得更加技术，我们今天无法回避技术在整个媒体变革中的角色。

声音传播的商业模式

移动互联网的商业模式跟传统媒体截然不同。从构成要素、连接方式和终极目标三个维度来看，移动互联网带给媒体的一个很重要的干扰体现在终极目标上。

曾经的传统媒体依靠注意力经济，把更多注意力召集到平台上，从而进行变现。但是今天移动互联网是流量经济，流量经济和注意力经济不一样的地方在于，如果流量过不了亿，变现效率就很低，流量变现只存在于强势平台里。广播电台在这么多年的变革里，始终在做各种各样的突围尝试，比如做过几次大规模电商，但是每次都不成功，因为流量转化非常困难。对于移动互联网来讲，用户的生命周期价值是留存天数和 ARPU（每个用户平均收入）值。

那在传统媒体或者细分领域里，信任能否成为一种新的价值标准？这个角度移动互联网已经在做尝试，比如 KOL 与 KOC，想办法捕捉到某个领域最值得信任的人，实现低流量的转化效率。信任在机构媒体里依然存在，就像广播里上万档节目和上万名主播的受众信任，在新的转型过程里，如何形成用户信任价值的良性转化，让品牌在这里面去认可媒体平台的价值？这是在今后商业模式里必须要考虑的一点。

对广播进行互联网改造的难点除了模式、流程、机制外还有更多挑战，传统媒体的转型是一场能力革命而并非平台革命。从"广播"到"音频"的转变，不仅仅是名词的不同，被互联网改变的除了用户认同还有产业本质。在转型中，不仅要实现生存，也要找到行业的技术方向，避免让广播沦为互联网技术的边缘产业。

对话王海滨

赵音奇：产品起名为"阿基米德"，有什么由来吗？

王海滨：希望找到一个支点，撬动传统媒体的变革。

赵音奇：阿基米德在 2015 年上线，如何看待它的入场时间？

　　王海滨：这个问题有两个角度。2014 年底移动互联网的流量开始消退，新增用户减少，从这个角度来看我们进入的时间实际上是一个很糟糕的时期。而 2011 年蜻蜓进入市场的时候，智能手机增量平均每年增幅 25%，意味着 25% 的产品增长是平均水平；2015 年智能手机的增长首次出现下滑，意味如果能达到 25% 的产品增长就证明产品极为优秀，这是巨大的差别。从另一个方面看，移动互联网永远怕后进者，不怕前面的领头者，只要后进永远有弯道超车的办法，只要确定办法是对的、确实打开了市场空间，就有各种方法超过前面的企业。

　　赵音奇：阿基米德和音频领域的竞争产品的核心区别是？

　　王海滨：它的出发点或使命是传统广播的变革。在 App 商店看到有用户评论形容说它是"超级收音机"，我觉得短期内这是个不错的描述。

　　赵音奇：阿基米德的发展空间是什么？

　　王海滨：平台在 5G 时代的竞争优势可能会没有了，IP 的价值或穿透力要大于平台，未来平台更多是一个承载和存储的作用。5G 时代端处理的能力会急剧增加，手机自身的内容处理能力会越来越强大，手机端到手机端的速度或连接会越来越强大，这时候平台就可能会沦为曾经的门户。所以对我们来讲，我们最大的不同是我们强调多端战略，我们希望能占领更多的端，我们把 BAT 看作一种基础设施，进行端连接。

　　赵音奇：目前阿基米德覆盖的端有哪些？

　　王海滨：App 是我们很小的一块，还有微信、头条、一点资讯、车机端等，我们需要更高级的接口、更独特的连接。我们联合了研发团队在进行这方面的工作，微信这边的接口已经做好了，准备把更多广播的直播流进入微信。在大家看不到的地方，很多端实际上都是阿基米德实现了对接，在某种意义上可能是"隐形冠军"。

　　赵音奇：阿基米德上的内容生产者主要是传统媒体的从业人员？

　　王海滨：目前是的。其实传统广播优质内容特别多，只是很容易被淹没。因为用户并不知道它会播什么好内容，或者知道的时候已经播完了，这样对用户的黏性留存是不利的。所以我们做的很多工作是希望把所有的广播节目呈现出来，让用户意识到节目的价值所在。

　　赵音奇：把传统媒体内容搬到互联网上，生产理念是不是需要做调整改变？

　　王海滨：整个内容生产的理念其实是需要全面重构的，也就是以用户为核心的生产，需要在迎合用户基础上做引导。移动互联网时代，这变成了一个生死存亡的转移关口，不管是传统媒体的生产，还是针对移动互联网的生产，都需要这样的转变。

赵音奇：怎么教会传统媒体从业者利用互联网方式传播？

王海滨：先有新理念才有新媒体，在没有新理念的情况下新媒体不可能诞生。所以这也是一个当前仍然需要解决的问题，我们需要重构记者的理念、主播的理念、编辑的理念以及管理者的理念等。

赵音奇：从产品设计的角度来看，怎么打造音频节目？

王海滨：音频节目第一是持续性，音频跟其他媒介形式不同，缺乏视频的爆点，通过一档节目爆红不太可能，所以一定要有持续性，体系化的生产非常重要。第二，音频有一个重要特点，就是声音要好听。第三，不管是音频、视频、还是文字，都必须紧贴生活和用户的需求，有底蕴、有知识，才能被接受。移动互联网初期的强刺激时代已经过去了，人们不太容易被语焉不详的东西激起兴趣，一定是道人所不知、见人所未见。这并不是容易的事情。

赵音奇：阿基米德平台给传统广播提供的价值是什么？

王海滨：首先是数字化存储。现在广播的存储就像"埋葬"，存完了就埋完了，埋完了什么都不知道。阿基米德做的数字化存储是做完了就可以用，所有的节目存储时都自动带好标签、分类、标题、摘要、关键词，这对所有参与的广播电台来说，一分钱不付就可以做完，这就是很重要的一个推力。其次是交互。现在所有的平台，包括微博、微信，交互都不是为广播设计的。我们希望单独为广播设计一个交互平台，而且在安全性上给予极大的保障。此外，还有其他的价值，比如广告变现。

赵音奇：阿基米德的目标是什么？

王海滨：第一是自我造血，通过自己的体系完成膨胀和发展，阿基米德作为国资体系不可以像其他企业依赖强融资，需要真正良性的体系。第二是能不能让自己发展壮大，产生较多的盈利。第三是推动中国广播行业的变革，这是我们的核心使命。

提问者：阿基米德与喜马拉雅 FM、蜻蜓 FM 相比在内容上有何差异？

王海滨：喜马拉雅有相当的 UGC 节目。阿基米德更多是对接传统的 PGC，目前我们仍以挖掘传播广播的优质节目为主，我们认为好的声音、好的作品目前还是在广播电台里，所以要把它们挖掘出来、呈现出来。未来平台的发展一定是殊途同归，大家对优质内容的渴求都是一致的，不会出现巨大的差异。

提问者：如何看待智能音箱和车载设备发展前景？

王海滨：我看好音箱，但是我认为未来音箱要通过产品重构来解决记录人们隐私的问题。车机是必然的方向，而且一定是竞争的核心场所。车机端到底是以 API 格式进去、多端格式进去，还是以底层内容进去，还有待确定，作为内容供给商还是产品供给商去做是不一样的。从汽车供应商的角度来讲，因为整车体系尤其是前装都由他来做，所以再加入内容就可以进来；但是对我们来说，我们就沦为一个内容提供者，所以恐怕不会很情愿做。这就涉及两方博弈，最后还是要看谁强谁弱。

提问者：音频媒介形式的独特价值在哪里？

王海滨：图片、文字、音频、视频、脑电波，这是信息传播的五个终极形态，每一个形态都有其存在的必然性、合理性、优越性。如果对这个形态了解不够、无法发挥其优越性，那看到的一定是弱点，而且没有办法突破它的壁垒。但是如果想把它使用充分，让每个人都发现这种形态生产的内容是无法替代的，就取决于对音频样态和传播形式的认知和调度能力。

王海滨，阿基米德传媒 CEO，主任编辑。先后创办过多档知名广播音频节目，曾获上海新闻界长江韬奋奖、2018 年长宁区领军人才、2018 年中国网络视听大会领军人物等荣誉。同时，任中国广播电视社会组织联合会常务理事、中国网络视听协会理事、上海网络视听行业协会副会长、华东师范大学传播学院兼职教授、上海理工大学新闻与传播专业硕士研究生导师。

（整理者：龚梓玥）

第一财经杨宇东：财经媒体的融合转型实践

杨宇东

第一财经总编辑

财经媒体的发展历程

中国财经媒体的发展经历了四个阶段。

第一个阶段在 20 世纪 80 年代左右，是从计划经济转向市场经济的初级阶段。在这一阶段，中国没有严格意义上的财经媒体，只有《经济日报》可算作经济类媒体，它更侧重于传播国家政策，不是严格意义上的商业媒体。

第二阶段是 20 世纪 90 年代左右。自那时起，中国逐步开始建立社会主义市场经济体制，市场在经济活动中逐渐起决定性作用。市场经济条件下，信息成为决定交易的基础。各方对市场信息与新闻的强烈需求催生了证券媒体。在 1999 年 12 月和 2000 年 1 月，中国在上海和深圳分别成立了证券交易所。成立证券交易所需要大量的政策监管信息、交易价格信息和上市公司信息，但那时并没有互联网，所以除了行情显示器外，股票开盘收盘价格、公司公告、交易所的监管新闻等都是通过印在报纸上，经全国发行和出版的。证券报是 90 年代财经媒体的最初形式，但它还是定位在资本市场，主要承担传递股市债市以及上市公司信息的基本职能。俗称的"三大报"——《中国证券报》《上海证券报》和《证券时报》代表了中国早期的一种财经媒体类型——证券类媒体。证券报的发展速度极快，但仍区别于财经媒体，因为它的报道面较窄，更聚焦于证券市场。但它为财经新闻界培养出了许多未来的人才、精英和骨干。

第三阶段的时间跨度是在 90 年代中后期到 21 世纪初。随着中国市场经济程度越来越高，逐步有一些新的财经媒体开始活跃，如《财经》杂志。中国财经媒体真正实现更大的蓬勃发展，与 2000 年加入世界贸易组织有关。这意味着中国进入了全球经济，需要遵循共同的游戏规则，让世界与中国相互了解。一时间，许多全国布局的，覆盖金融、产业、宏观三大领域的财经媒体如雨后春笋般诞生。

第四阶段是财经媒体发展的黄金十年，从 2000 年至 2010 年左右。2000 年初，《21 世纪经济报道》诞生，而后不久又有了《经济观察报》。这两家媒体创刊的背景类似，一方面是因为中国的开放、入世，中国需要更多的全球财经信息；另一方面，经过 20 多年的改革开放，中国的社会主义市场经济体制逐步完善，中国企业与中国市场需要更多的国内商业信息，以帮助企业家、官员、学者和投资者决策。

2003 年，第一财经诞生，旗下拥有第一财经电视和广播，借鉴学习国外财经媒体的经验，第一财经在华东区域市场声名鹊起。2004 年《第一财经日报》诞生，因为是跨媒体跨区域办报，又是第一张市场化的财经类日报，在当时属第一例，因此引起了很大的反响。当时创办财经媒体是大势所趋，但各媒体仍缺乏底气，尽管财经、商业市场每天瞬息万变，中国每天都和巨大的全球市场有大量的经济贸易往来，财经纸媒却是以周报或者日刊的形式发行。当时，各媒体聚焦于一些重要政策和产业变化的深度报道，没有意识到背后庞大的新闻量和快速的节奏。因此，当第一财经决定创办日报时，业界再次哗然，甚至有反对的声音说："这不可能成功。哪里会天天有财经新闻能够支撑起二三十个版面呢？做不起来的。"但很快，《第一财经日报》开始盈利，也在年轻人和白领群体中赢得了良好的口碑，这一波的黄金发展期持续了十多年。在传统媒体时代，第一财经是特别典型和个性的案例，具有不可复制的特殊性。除了在纸媒领域表现优越外，第一财经电视频道也快速发展，很快，第一财经就获得了商业上的成功，并逐渐形成了巨大的影响力。后来，《21 世纪经济报道》也开始转型，从周刊变成了日报；但《经济观察报》依然坚守原有的更新周期，和日报错位竞争，成为以观点见长的知名周报。

以上述几大媒体为代表，整个中国的财经媒体一起经历了最兴旺、最黄金的十年，背后也折射出了中国经济的巨大活力。

财经媒体具有两大特点。第一，它的新型定位影响了广告市场的格局。财经媒体属于当时的新兴媒体，此前市场上没有这样的专业媒体的概念。第一财经创办之初，瓜分的就是其他综合类媒体、都市类媒体的"蛋糕"。财经媒体的诞生，使很多商业广告实现了更精准的投放，因为财经媒体瞄准的就是商务、商业高端人群。财经媒体过去十几年间良好的发展态势，与此密切相关，它的定位非常有趣，直接从广告市场中横切一刀，使原来不够精准的广告有了提高效果的机会。这与移动互联网时代对产品的要求类似，就是精准。因此，十年里，财经媒体的定位也对广告格局产生了很大的影响。即便在移动互联网时代，都市类媒体都在衰败，而财经媒体依然挺拔，这就是因为它原本的市场定位，使得其拥有一个相对固定的广告主和广告群体。

财经媒体的第二个特点在于促进市场经济发展。财经媒体本身讲究专业、客观，关注市场、价格、产品和政策。财经领域是诞生深度报道和调查性报道的温床，因为不管是实体经济还是虚拟经济，都需要遵循市场化原则，特别强调公平、公开、公正的"三公"原则。这个领域对信息的透明度、标准化有严格要求，信息的公开透明成为刚性的需求。在报道的过程中，财经媒体也固化了很多基本意识、理念与规则，大量的深度报道、监督性报道促进了中国市场经济的完善和发展。

第一财经的发展与挑战

第一财经在过去就已具备全媒体的特点，并在财经媒体中是全球化布局最坚定、规模最大的一家。尽管全球化运营成本高昂，但对提供海外高品质、原创、快速、准确、及时、权威的报道相当有利。第一财经全媒体的历程是从电视到报纸、到杂志，再到后来逐渐开始做 PC 端网站。尽管在传统媒体兴旺的时期，网站没有受到足够重视，但第一财经仍然在非媒体业务领域开始转型。这是受到了国际上很多同行的成功经验的启发，基于财经媒体的特点和需求，提供新的产品和服务。

我加入第一财经后不久，就开始负责一些创新业务，比如我曾负责创建了第一财经研究院，这是中国媒体创立的第一个研究院。研究院有很强的工具性，能够尝试为读者提供更深度的内容。此外，由于财经新闻对报道速度的要求很高，第一财经又成立了国内第一个财经通讯社，为读者提供更多及时快速的市场信息，这是报纸所不能完成的。如果财经媒体没有全球化的布局，在主要的金融中心没有自己的记者站、演播室，就很难真正提供兼具高品质、原创性、时效性、准确性和权威性的报道。记者在国内描写的纽约市场，肯定不及在纽约当地完成的稿件，二者是截然不同的。虽然通讯社这个架构已经被分解，却变成了我们很多移动互联网业务特别重要的基因，其产品和团队成了第一财经现有移动互联网财经资讯业务的核心部分。

很快，辉煌的十年过去，第一财经进入了艰巨的转型阶段，发展环境面临一系列残酷的变化。从数据上可以明显发现，市场上整个广告投放的比例从传统媒体渐渐转移到新媒体。举例而言，2016年电视广告的比例还有37%，但到了2019年时，就只剩下了17%，这是相当惨烈的。因为对于媒体而言，报纸的版面和电视的演播室类似，成本相对固定。当广告收入出现显著下降时，传统媒体里的利润也直接下跌。如果五亿元的广告收入能带来一亿元的利润，那么四亿元的广告收入却意味着亏损。因此，收入的下降对传统媒体的生存影响巨大。

除了广告收入的缩减外，第一财经还要面对移动互联网大背景下新玩家的挑战。传播形式发生翻天覆地的变化，新闻不再只通过报纸或电视发布，过去信息发布的天然门槛不在，传统媒体相对垄断的格局也被打破。以往，新闻只能通过报纸或电视获取，中国能发布财经新闻的媒体中，日报也只有三四家，每天发稿总共不过一百多篇。那时候的财经新闻如此珍贵，想要成为一百多篇稿件中的一篇都十分不易，所以需要突破门槛。过去，生产了信息也没有地方发，有意愿发的企业和机构又未必能够见报，所以新闻的发布有较高的门槛，并形成了相对垄断的格局。移动互联网使传播形式更多元，也带来了明显的去中心化。每个人都可以是新闻的生产者与发布者，不管权威性如何，都对以往传统媒体的垄断传播局面产生了冲击。传播形式的变化就导致商业模式的变化，广告收入下降，但必须有其他新的收费模式与服务模式形成。

在这样的环境下，每个媒体都处在一个转折的关键时间。面对收入规模的缩减、人才的流失等困境，谁能够闯出一条路，解决转型的难题，就有可能继续存活。很多财经媒体之所以还能够坚持，就是因为前文所提到的专业媒体的行业特殊性。特殊性带来了更多的可能性，可能性带来了新希望，以及新变化的可能。

第一财经的融媒实践

首先，在内容生产流程和组织架构上，第一财经自2015年起进行了坚定的转型。主要内容生产团队整合进了内容聚合中心，该团队专门生产内容，但打破了为某个具体媒体服务的边界；内容聚合中心内部又划分为新闻中心和资讯中心；过去的通讯社改名资讯部，负责快速编辑发布重要权威信息。以往，第一财经下属各媒体的组织架构相对独立，但到后来，我们进行了整体性整合，以实现整合资源提高效率的目的，做到1+1不小于2。

2018 年，第一财经又设立了付费业务部，做出一个新的转型探索。后来，第一财经也设立了视频部。电视团队开始主要精力专攻互联网视频，这也代表了电视转型的方向。七个部门中产品部、运营部、用户部的重要性日渐上升。如果脱离了移动互联网端全网产品设计、内容的运营、用户的互动、用户的研究、用户数据的反馈、用户的服务，内容生产可能就只是闭门造车，不能吸引读者的注意。

传统媒体必须深刻认识到将业务重心转移到移动互联网端的重要性。以移动互联网为核心的融合媒体，需要有聚焦专业内容、再造商业模式、提升管理效能和"All in 移动端"四大核心要素的配置。

聚焦专业内容是大前提，因为无论市场、传播形式与用户人群如何变化，专业内容亘古不变。独家或者及时的新闻离不开专业性，政策的解读离不开专业性，财经媒体在行业内的地位也依赖于专业性的背书。移动端的核心地位不言而喻，也是未来发展的大趋势。提升管理效能，对于传统媒体转型而言极其重要，媒体的管理短板非常明显，体现在管理上的粗放，缺乏统一的标准。过去的节奏太慢，一个新闻来了，一台电脑一支烟，编辑琢磨上三四个小时后才能交稿，八点钟上版。每天完成工作即可，没有太多心事，中午睡到自然醒，下午两三点到报社，开编审会讨论，散会写稿，日复一日。这样的粗放式管理的弊端在黄金时代里体现不明显，但是到了移动互联网时代，就会严重影响效率。每天的选题是否足够分量，同样一篇文章的阅读量几何，都取决于管理。产品、频道设置的好坏能够影响内容的传播，运营的水平也直接影响到内容的传播效力，做不到这些，再权威和专业都产生不了大影响。

最重要的结果是能够再造商业模式。财经媒体广告市场并没有往下，做得好甚至可以往上走。但如果不只是想活下去，还要活得好，那就必须考虑新的商业模式。

以上四个方面的问题，是第一财经转型中特别关注的，也是最想集中解决的。

其次，转型有三方面，包括核心理念、核心技术、传播的认知与模式，具体的解决手段是数据和技术。移动互联网时代，脱离数据和技术的驱动，就是假的改革和转型。

第一财经自建了一个功能较强大的用户管理系统，解决了非常大的痛点，即了解用户。以往，媒体的发展过程中缺乏实质性的数据，比较笼统。尽管以前的媒体风生水起，但其实和用户有着很大的距离。但自从有了自己的用户管理系统，第一财经可以比较精准地知道用户对本媒体的欢迎程度和使用习惯，可以把用户行为作为引导内容生产的维度之一。融合转型不能让每个媒介形式都固守一个小的平台，那依然是封闭的。现在需要的是全部纳入一个统一的后台，全流程的覆盖和融合，才能够高效率组织生产。这就有了我们的融合生产平台 CMS。除了这两个工具外，第一财经还研发了一些新型工具，如手机记者端，能够帮助记者更方便地处理很多现场信息甚至是快速的视频采集和编辑。上述是第一财经一些重要的中后台工具。

另外一个转型要点是财经媒体不能变成新闻发布机构，而是要有自有平台。虽不能与大的超级平台同日而语，但当体量到达一定规模时，就可以养活自己。自有平台建设的重要性已达成共识，但媒体的传播力和影响力光靠自有平台还不够，还需要全网运营才能最终落实，所以我们也进驻了很多的传播平台，这是因为它们的大平台，可以帮助第一财经传播得更远、接触到更多人群、产生更大的影响力，也正在形成一种商业模式。

媒体的本质在于，它一切的商业和未来都基于影响力。影响力又取决于传播力。第一财经内部将外部各网络平台分层，按照需求投入资源，收获对应的数据进行运营，力求把每一篇稿件都传播得更好。这也仅仅是一个开始，未来还会有很多的创新和深度合作的空间。

除了新的转型方向外，第一财经在移动互联网时代也越来越强调深度和可读性。如《第一财经周刊》就为了顺应这样的趋势而改为月刊，在碎片化时代反其道而行之，从内容的选题到策划都用心沉淀，加之美观易读的可视化，希望读者可以慢慢阅读，想看就看，甚至看完以后想要收藏。

除了媒体外，第一财经也在商业数据方面有了新的尝试，并于 2015 年成立了一家商业数据公司，主要产出数据、数据报告、榜单等内容。财经媒体做数据，有天然优势，一开始只是尝试，目前得到了很好的回报。同时，我们财经资讯的商业化落地也非常成功，银行、证券、基金等行业大量头部机构都已经在使用第一财经新型的财经资讯服务整体解决方案。此外，基于以区域经济为主的中国经济发展形势，第一财经也推出了以新一线榜单数据为代表的城市数据服务体系，已经成为城市研究的头部 IP。我们发现，消费者、企业、城市管理者对这些数据的关注度越来越高，关注内容包括但不限于城市的消费特色、人口和产业结构交通布局等，这类服务也已经形成良好的市场口碑和规模化的收入。

转型之后的思考

第一财经转型后，有三个问题正在思考且亟待解决。财经媒体的空间在哪里？主流机构媒体的优势是什么？移动互联网下半场市场有哪些变化？

关于财经媒体的空间，我前面已经回答了一小部分的答案，但也只是一种探索，仍然没有彻底地解决。关于主流媒体的优势，我想，未来不管无论如何转型，都要考虑自己的定位和特点，这才是我们的优势所在。所谓主流媒体的价值，是其背后强大的公信力和权威性，以及高质量的内容生产团队。我们拥有国内最庞大的财经新闻采编播团队，一大批十年以上从业经验的资深采编，内容生产团队的成本高昂，但也是我们的核心优势，关键并非成本的高低，而是通过他们，我们可以获得多大的影响力和商业收入。任何自媒体都无法取代主流媒体的地位，无法胜任如此之多的信息处理和权威消息的产出工作。因此，全媒体产品体系对于主流媒体而言，显得更加重要，因为这能加强竞争优势和影响力，分门别类提供内容，又能关联形成整合服务，再加之机构媒体的背书，优势将格外凸显，这是一种复合优势。

基于以上问题，我想提出未来发展方向的几个原则：从自有到分发，从广告到付费，从内容到活动，从线上到线下，内容的场景服务。

从自有到分发，是指在广告模式之后，必须要找到品牌力的服务模式，将品牌力转化为广告和非广告的服务能力。从广告到付费，付费强调的不是付费内容，而是有其他的收入模式，比如购买我们的广告、版面、时段、服务和研究等。从内容到活动，比较好理解。从线上到线下，是未来发展的趋势之一。第一财经未来会高度重视我们的传播力如何从线上走到线下，因为我们发现原来常用的获客手段效度下降，而线下活动不仅获客成本更低，用户黏性也高于线上。最后是内容场景服务，如今中国存在大量的财经新闻使用场景，如基金理财、证券保险、互联网金融和商业银行。第一财经在这些内容场景的服务中，主要还是提供客观而专业的知识传播，通过内容、运营方案和执行赋能于合作机构，从而帮助机构提高客户服务能力。同时，我们也要思考在不同的场景下，应当使用怎样的技术手段、如何去到达用户。传统媒体时代是广播时代，传播信息不需要知道用户姓甚名谁、身在何方；但如今，场景就是要求我们知道客户是谁，在哪里，怎样去服务。

比如，第一财经和一些证券公司、基金、商业银行的 App 合作，为它们撰写内容，解决它们用户运营上的短板，帮助它们提高用户的活跃度和转化率。我们研究客户的用户，结合他们的特点，再转化成输出的内容，并且保证内容的可读性、易读性和有趣性。目前，这条探索的道路越来越清晰。未来，视频也会是风口，第一财经也在进行积极的探索。尽管擅长理解企业的需求，但是面对针对C端用户的短视频，我们也还有很多的不确定性。此外，付费内容也会是一个方向。这个内容不是指新闻，而是新闻加工的产品，如参考、研究和报告等。第一财经在大型论坛承办、企业专项内部培训等领域也有了很好的布局和成功案例。

　　每一次的转型都是商业模式上的积极探索。通过近些年来的不断努力，第一财经已实现了较快的增长，验证了转型中的方向和具体策略的准确性。截至2019年10月底，第一财经的新媒体业务收入已经占到公司总收入的57%，非广告收入占比达43%。种种数据都在验证我们转型的成功，经过了四五年的艰苦探索之后，我们成功地走出了隧道，这是实实在在的转变和增长。顺利的起步、清晰的方向和路径、扎实的探索以及成果的收获，都让人欢欣鼓舞、充满信心。但未来仍存在许多悬而未决的问题需要探索解决，第一财经还将继续向前。

对话杨宇东

　　赵普：传统媒体编辑和新平台编辑们在讨论选题，究竟谁说服谁？两者交流的成本高吗？

　　杨宇东：在做新媒体发布时，既然目的是为新型平台加大传播影响力，结果一定是新型媒体的编辑说服传统媒体的编辑。因为平台不一样，不同平台目的不同，希望达到的效果可能也是不同的。交流成本也不高，比如微博，我们有自己的编辑，但关于同一条内容是否发微博，微博编辑跟内容编辑经常有不同判断，这很正常。即便是在内部，只要服务于不同平台，我们的微信公号编辑和纸媒编辑认知也有差别，这是屁股指挥脑袋的。从趋势来讲，一定是新媒体同事的话语权更大，因为现在新媒体的影响力是第一位的。

　　赵普：媒体转型过程中的技术基因和技术人才难的问题怎么解决？

　　杨宇东：我觉得这是个特别大的难题。媒体机构的基因里基本没有技术基因，否则财经媒体最好的方向是彭博。但彭博恰恰不是一个媒体，而是一个行情、数据的交易平台，它是一个工具。所以我们这两年来特别重视这些问题，但还是觉得远远不够。我建议，首先花很高的代价建立一个技术团队；其次，绝对要把它放在非常高的位置，不要把它认为是一个辅助功能；最后，要由技术引领特别重要的转型。我觉得难题归难题，媒体一定要下决心，外包不能解决问题。

百家号：您认为现在的媒体环境如何？

杨宇东：我想换个角度回答这个问题。现在的媒体环境，确实给以原创内容为主的机构带来了比较大的挑战，比如新的传播方式和新的技术。三四年前，这样的挑战尤为明显。那时很多机构媒体，不管是互联网产品还是内容，此前都是以网站的形式传播，此后却是被动地在新涌现的平台传播，如微信、今日头条等，以至于特别没有安全感。但经过了一段时间的摸索，这些机构也逐步探索出了适应移动互联网传播的模式。另外，移动互联网在新闻传播上也有了基本稳定的路径模式，一开始大家都不知道微博、微信会变成什么样子，但现在已经基本定型了。于是，我们这些机构发现也许面对的并不是某种颠覆，而是机会，如果能做好转型，可能未来将要面对的是一种新的生态。但不管怎么说，即使是生态也依然意味着巨大的挑战。如果不能适应，就要变成新生态里的传统物种，甚至逐渐走向消失；如果能适应，也许可以迎来"变异"和"转基因"，在新的传播环境里实现比较好的发展。我认为，我们已经从第一阶段的不适应、困惑和茫然，走向寻求解决方案的第二阶段了。而且，现在已经有了一些成功的案例，也已有一些模式和路径有迹可循，只需通过实践更好地将其稳定下来。加之主管部门的要求和关注，我们这些大的机构媒体的转型发展也有了一些明确的指导意见，即融合转型、深度融合、全面转型。与此同时，机构媒体因为专业度和权威性，在碎片化的传播时代反而凸显稀缺性，所以我认为面临的发展环境比三四年前好很多。

百家号：如今用户获取资讯的主流方式已从"中心化"向"去中心化"转变，在这样的背景下，您认为一财的核心竞争力是什么？

杨宇东：我认为不论去中心化与否。财经新闻有特别重要的，和其他类别的新闻都不同的地方——准确性、权威性、专业性。国家政府部门的设置决定了很多重要的财经、经济政策都是自上而下的中心化发布形式。这是财经新闻非常核心的报道对象的结构。此外，还有金融市场，金融市场也都是集中在交易所内交易，这样的交易模式决定了统一、集中的信息发布模式，尤其涉及资本市场、上市公司的信息披露时，必须要有一个标准化的出口，不可能是单独的、自发的信息发布。

机构媒体的专业性是我们的特点和优势，用户生产的内容不会完全替代我们专业记者。当然，我们面临的挑战之一是，越来越多的专业人士逐渐开始了自己的自媒体尝试。原本，他们需要把稿件交由我们发布，才能有影响力，而现在，他们却可以脱离媒体自己产生影响，这也反映了去中心化的平台的特点。专业人士发表的内容以观点为主，新闻事实的不可去中心化性已是大家的共识。但后来我又发现，其实专业人士依然需要与媒体平台达成共识，比如一些券商的经济学家，还是需要大量参加我们这些有公信力的媒体开设的论坛等，以进一步扩大影响。所以机构与专家之间不仅是简单的合作，更是相互依赖的。

从媒体平台来讲，财经媒体的去中心化特点并不十分明显。但在一些相对垂直细分的行业里，有一些公众号是可以相对独立生存的，如汽车、房产行业里，都有几百个具有相当影响力的账号。这是由商业模式决定的，他们可以小本经营，但更多是以评论、观点为主，很难去做发现核心事实、传递权威信息的工作。财经行业还是需要主流机构媒体大的影响力和专业性，有环节完整的生产链条，常年的内容生产必须依赖团队的共同协作。自媒体和机构媒体的区别还是很大的。这也是第一财经的核心竞争力，简而言之就是专业、权威、及时、全面，现在抄来抄去的媒体越来越多，主攻原创的主流媒体其实越来越稀缺，稀缺就是优势。

同时，我认为财经媒体在面对去中心化的问题上与其他类型的媒体是不同的。我们依然由指挥部门自上而下决定一些选题，尽管看起来这不符合去中心化的大潮。因为财经新闻还是有一个重要的发现事实和传播真相的责任，以及专业策划、专业调查的职能，而不是完全跟随网络热点，或者交由大众生产。但反过来，我们也确实有越来越多的新闻素材、信源和选题策划来自网络。我们必须承认这样的趋势，做好转型，但不意味着去中心化完全代替中心化的结局。

百家号：财经类内容的专业性和趣味性应该怎么平衡？

杨宇东：这个问题是我们第一财经创立以来思考至今的问题。毫无疑问，早期我们倾向于为机构、中高端人群建设和服务。但随着移动互联网的发展，我们意识到扩大影响力也需要更多的个体参与。这些个体"小白"可能也是媒体机构的未来潜在客户，甚至本身也是金融机构的客户。我们生产的内容不能只是"高大上的阳春白雪"，不能只写给高端人群看，我们现在也越来越重视刚开始关注财经领域的新人群。我们一方面需要专业，另一方面需要找到新人群的需求点和兴趣。一方面保证专业性，另一方面在某些领域里相对降低一点专业性，增强可读性和包装的吸引力，并调整报道的角度，摆脱我们以前"端着的架子"。不过，我们可能会放弃一些太"草根"和初级的用户，比如面对理财者、投资者，我们还是会更专注一些中高端人群，因为他们的净值更高。我们也会针对关注经营、投资、理财、房产，甚至宏观经济和人民币汇率的用户专门撰写内容。比如个税调整，过去我们可能只是简单解读政策，但今天我们会详尽介绍这件事为个人带来的影响，以及个人的应对策略，此举可以帮助我们扩大在这些人群中的影响力。得益于移动互联网，我们的服务对象多了很多。这并没有冲击我们的核心竞争力，反而加强了。我们在走两条路：一方面保持专业性，继续服务高端读者；另一方面，希望通过文章的形式、包装、标题表达方式、传播手段等的变化，吸引更多元的新用户。

杨宇东，资深媒体人和资本市场研究者，从事财经新闻报道工作26年，现任第一财经传媒公司总编辑和第一财经日报总编辑，负责第一财经全媒体新闻业务，带领团队完成了一批在国内外产生重大影响的财经报道；另外他在引领财经媒体转型发展方面成就突出，2008年他负责创建了国内首个媒体研究院——第一财经研究院，2009年，他负责创建了国内首个财经通讯社——第一财经通讯社；他还担任上海证券交易所第一届上市公司信息披露专家咨询委员会委员，现任上海市新闻工作者协会常务理事，著有《中国中小板上市公司评价体系》等论著。

（整理者：张曼婷）

澎湃张凌：构筑独特的新媒体内容护城河

张　凌

澎湃新闻互动新闻中心总监

澎湃新闻的"澎湃之路"

内容更重要，还是运营更重要？我认为对于一个彻底转型成为新媒体的传统媒体来说，内容永远是贯穿其中的。我非常赞同白岩松老师的说法：现在新媒体的竞争已经到了内容竞争上。

有学者评价澎湃"大楼是破的，思想是新的"，这是对我们很好的一个总结。澎湃新闻可以用四个关键词来讲述。

首先是澎湃的定位，"时政与思想"。作为互联网产品，定位很重要。澎湃新闻前身为《东方早报》，《东方早报》的标语是"影响力至上"，我是《东方早报》元老，筹备初期我的领导和我说我们要做像《纽约时报》一样的百年大报，这是我们的新闻理想。三鹿奶粉事件就是《东方早报》最先报道的，这也成为一段传媒佳话。所以我们这个团队最擅长的就是做时政领域的新闻，做深度报道。随着时代和技术的变化，大家不再看报纸了，都从手机里面获取信息，我们便知道我们要改变，自己要主动转型，但是不能放弃自己最擅长的东西，还是做时政领域这一块。所以澎湃来了，从 2013 年开始筹备到 2014 年 7 月 22 日正式上线，6 年多来一直专注最擅长的时政领域。"思想"也是澎湃的独立频道，这在新闻资讯产品里面很少见，这是因为我们希望在舆论场能留下我们的声音。

其次是"移动化"。澎湃是为手机用户设计的。每个月会根据手机用户的需求进行迭代与优化，相较之下 PC 端的迭代会慢一些。在互联网时代潮流里面，绝大多数媒体其实也有自己的网站和 App，但基本都没有很彻底，就是报纸内容粘贴一下变成 App 内容。澎湃转型更彻底，更强调移动化，这也契合当下移动互联网的趋势。

再次是"原创"。这是澎湃最核心的竞争力。目前，整个澎湃客户端约有700多名员工，其中400多名采编人员，平均日产400篇原创稿件。

最后一个词是"媒体融合"。从2014～2016年，澎湃经历了报纸和整个新媒体产品融合的两年多时间，一个团队同时做着两个产品。2016年12月31日《东方早报》出完最后一期，2017年开始，整个团队专心做澎湃这一个产品。但融合结束了吗？没有，澎湃会进入到更新的时代：跟新浪、腾讯、今日头条等这些网站融合；跟5G时代下的第三方运营商融合。大家有各自的优势，澎湃有内容的优势，所有平台都是需要在整个媒体环境里面互相融合的。我们已经进入一个新的媒体融合阶段。

澎湃有四个目标，一个是内容的主流化。我们把自己定位成是互联网新型主流媒体。有人跟我说，澎湃在一片互联网汪洋当中很端庄。首先澎湃的Logo很素雅，黑白的"澎湃"两个字，而互联网的App们看过去都是花花绿绿。我们就很简单，先有域名，告诉大家我们来自纸媒，然后才酝酿出中文名"澎湃"两个字。所以澎湃始终是在做一个主流媒体，坚持主流价值观，专注、专业、严谨包括开放。澎湃在过去几年全国两会期间共获得几十次提问机会，澎湃也是首家受邀入驻国防部和外交部列席他们发布会的新媒体。

第二个目标是平台化。澎湃新闻已经被称之为媒体融合的现象级产品，现在澎湃要做平台级产品。如今平台初具规模，首先新闻频道来说，分别是视频、时事、财经、分享和生活，目前这5个新闻频道拥有约80个栏目。除此之外有新闻互动社区"湃友圈"，注册用户就可以参与互动；有从2015年开始的新闻问答社区"问吧"，含2000多个题主，包括线上线下互动、社区运营以及新闻的延伸；还有提供品牌给专业创作者的"湃客"，可以在上面生产写作、即时影像和数据新闻，目前已有14个栏目，15000多家政务号。2019年澎湃开放媒体号，也有很多媒体入驻澎湃。

第三个目标是全球化。Six Tone App是专门给外国人看的一个澎湃英文产品，它是给外国人讲中国故事的，并不是简单地把澎湃新闻翻译成英文，而是由一个外国编辑组成的独立团队，按照外国人感兴趣的方式去选题操作。澎湃新闻中文客户端目前也有500多万的海外用户，主要集中在华人多的地方，像北美、澳大利亚、日本这些地方。澎湃新闻在推特、脸书、油管等平台也有自己的海外账号。

第四个目标是生态化。2019年上线"澎湃号"和"湃友圈"。"湃友圈"

更像一个小微博社区，每天热门话题都会在里面看到并能参与，注册用户发一句话、一个图片或一段视频都可以，视频不限时长。虽然对审核压力非常大，但澎湃希望能把内容生产的生态做强，让大家能够持续讨论和参与所关心的话题。

澎湃新闻的内容产品

对于澎湃来说，内容是最重要的。我们靠什么打天下？最主要靠的是我们的内容，靠我们的品牌。目前，澎湃新闻的原创稿件占比率达到70%，这个比例非常高。好的作品、真正的新闻依然是刚需。

我们有个"澎湃人物"的栏目，里面文章都特别长，产量不高，有时一周就出三篇，每篇平均3000字以上。大家都觉得到了互联网时代好像没人有耐心看，但就是这样的长文在我们澎湃上面点击量高居不下，比如《去巴基斯坦娶亲的男人们》。一个新闻很快发酵，可能过段时间会遗忘，但是这个栏目会去跟踪报道，作为新闻人物的第二个落点。我们记者跟踪巴基斯坦黑中介的链条，关注到这么一个群体并写了这篇文章。这个文章当周就拿了我们平台栏目平均点击第一，而且发这篇稿子那一周，成为我们微博、微信平台里面内容的点击量第一，还进入社交平台点击量前十。再比如2019年一篇受欢迎的澎湃人物文章《一个渔民迷失在太平洋》，它讲述的是渔民在太平洋上漂流了8天的事情，我的很多同行把它称之为新闻中的艺术品，是现代版的"老人与海"。这就说明在浮躁的时代，虽然大家好像都娱乐化了，都在碎片化阅读，但这种深度文章依然有市场。真正的新闻作品和深度调查报道是有很好的回报。

现在是新媒体时代，澎湃要用新媒体产品的形式去构筑独特的内容护城河。

第一步就是要做原创报道。澎湃上线早期，做"打虎"新闻很出名。到现在热点事件也不会缺席，基本上一有热点发生，澎湃在全国都有外派记者，能保证出稿。比如我们持续了半年对海南一批违建房拆除事件的报道，主要讲的是很多东北老人到海南养老，买了这些违建房，房子被拆了以后没钱回东北，无家可归，只能在海南维权。澎湃发了5篇调查报告和3条短视频，然后我们做了一个集合式动媒体产品，里面以数据新闻的形式来显示海南哪些地方有违建。所以我们首先在时政原创报道当中做到严谨专业，其次再在形式上做一些锦上添花。

其次是主体宣传如何爆款化。澎湃也有不少主流宣传任务，为了让年轻群体也喜欢，我们会做成融媒体产品。比如 2016 年的《致敬｜好人耀仔：一位宁德村支书的 45 岁人生》，是澎湃第一次使用手绘漫画形式来表现典型人物，这个产品里面集合了视频、手绘插画、音频、多种形式，整个配乐也是找音乐工作室单独原创的，讲述当了三届村支书的耀仔的故事，该报道作为中国典型人物正能量宣传，在世界新闻设计大赛上获得优胜奖。再比如《MV｜西城神舞：红墙 Style》，我们自己做导演自己负责采拍制作，演员就是西城区的老百姓，通过红墙讲述历史，红色符号传递主流价值观，我们希望能够用更年轻一点的形态宣传这样的主流报道。传统媒体人做 MV 按理来说是不擅长的，但大家都是随着各种新媒体技术的变化不断完成自己的转型。

再者，策划报道要做到"全景化"。在澎湃的策划报道中，2019 年最大事情是新中国成立 70 周年。澎湃为此生产了大概 20 多个专题：比如用视频表现 9 个大桥 20 多个视频的《大国大桥》专题；记录 7 个城市人民路的《人民路上》等等。具体说说《人民路上》，它是由时事新闻中心策划，并加入互动中心很多的配合、分发与加法。不论是大城市、小城市都有叫人民路的，所以我们才想到通过人民路故事来讲述中国的 70 年变化。我们做的第一个城市是深圳，我发在微信朋友圈的时候，很多不留言的人也来留言，讲自己家乡的路，所以这种话题是有共情的，大家都加入进来一起互动。微博上我们发话题#你们城市有人民路吗#来做分发，让更多微博用户参与进来。专题内核已经延展，不再是局限于采访几个城市，而是只要有人民路的用户都加入进来，湃客湃友圈里也能谈谈家乡人民路。

有人问我，"澎湃内容足够好，做自己 App 做强做大就好了，为什么要分发？"我们都需要。多部门合作与协同推进是我们的常态，一个专题的内容要运营好、分发好，要让大家知道这个优质内容来自一个品牌"澎湃新闻"，我们的原创内容就具有版权的市场价值。比如《大国大桥》在分发渠道里面会做很多的加法来适配不同的传播渠道，抖音要做竖屏，微信朋友圈要做 15 秒。《大国大桥》播出三周时间以来，有 1 亿多播放量，播放量最多的是《坝陵大桥》《鸡鸣三生大桥》也有 1000 多万的播放量。再比如特别大的年度策划《最美中国》山河系列，这个已经做到第四季了，澎湃第一季做了胡焕庸线，我们从最东北黑河一直沿着东北和西南分界线走到西南腾冲，走访选取了 10 多个城市；第二季做了中国所有海滨城市；第三季做了流动的江南；2019 年做了最美中国，选了 10 个中国的国家公园，非常大的主题。

澎湃每年花 8 到 9 个月时间做纪录片系列，又有图文、视频、集合式融媒体产品，一个部门策划负责，其他部门都会全力配合。虽然澎湃每年投入人力和时间做这样的专题，流量或点击可能不如爆款社会类新闻，但澎湃作为一个以社会效益为主的新媒体单位，定位是希望留给大家引发思考并留下深度空间的新闻作品。这也是澎湃一直在坚持的。

我们还要做可听、可观、可感、可思的报道。《海拔四千米之上》是刚获得中国新闻奖（融合创新类一等奖）的一个作品，主要以一个国家公园来讲生态保护。因为有三个黄河源，所以澎湃分了三路记者，待在那边大约三个月时间来做。整个产品是一个集合，视频运用到航拍、延时拍摄、VR 视频、互动热点；移动端采用了光面，随机打开可变技术等等。我们从采访、拍摄、设计、包装到代码、程序开发全部是澎湃员工自己做的，这个产品还做了 PC 适配。在颁奖时候，中国新闻奖最多只能写 22 个主创人员，但其实不止。这样的专题，澎湃是多方合作完成的。融合很多部门前期去拍，后期制作、调色，去做视觉优化。

最后，关于内容运营不得不提的还有"货架化"与社交驱动。我所在的互动新闻中心存在一个很重要的承载部分，就是做社交驱动。媒体现在不生产具体的内容，而是做一个作为货架的产品出来，里面装什么、怎么传播则是靠用户完成。最著名的应该是《人民日报》军装照，它只是作为一个媒体产品出来，里面是空的，需要用户上传照片。它完成的传播是什么？大家分发到朋友圈就完成了它的传播。澎湃在汶川地震 10 周年的时候也做了一个类似产品，叫《我的汶川记忆》。我们做了一个框架，大家作为用户可以点进去，不仅可以看到汶川地震发生时自己身处的地理位置和情绪，还可以写自己的记忆，看别人的记忆。所以这就是一个很大的数据库，一个货架。现在出现了越来越多上传照片即可参与的内容，这些都是新媒体用到的一些产品手段。

后面澎湃还做过像《家国协奏曲》这样的内容产品，第一季是在改革开放 40 周年做的，2019 年是第二季。用户放几张照片进去就可以自动生成一段视频。《转角遇到爱——测一测 | 你在上海人民公园相亲角能遇到谁？》也是类似的，你把自己的条件输进去，看看多少人找你，看看有多少人适合你，这个获得了世界新闻设计大奖。

澎湃新闻的产品运营

澎湃非常重视平台运营。我们不仅重视生产手段，还重视产品运营。我这个部门分管社交平台的精细化与个性化运营。所有分发渠道中，两微影响力最大。微信现在是 270 万粉丝；微博粉丝近 3000 万，日更平均 50 条，每编一条微博做话题词，精编内容要 15 分钟，还要跟评与大家互动。

之所以互动很重要，是因为互动是互联网产品最大的刚需。澎湃定位在时政与思想，就要去了解关心时政与思想的这批用户真正想看什么。个性化、智能化的推送是对用户的一种尊重，也是用户思维在运营中的一种运用。平台化就是要让用户和用户之间、用户和澎湃之间的交流更便利。如果要引起用户对交流的认同与渴望，编辑就一定要互动。不能只是满足于文章下方的评论，而要让用户跟澎湃更好地互动起来、从更多途径发生。其实互动也会成为二次创作很好的素材，因为有时候评论比新闻更精彩。

那么如何互动呢？首先要尊重各个平台的属性，大家要研究每个平台的规律。其次编辑要有点人设，可以跟你的用户有更个性化的交流，也可以偶尔卖萌，但一定要让观点为我所用，因为很多时候观点不能在文章里面表达，那么评论互动就会成为一个很好的补充。《刚刚》特别出名，新华社那次做了一句话的新闻，那篇文章给新华社带来 50 多万的粉丝。大家都是来围观评论的，有网友说"第一次把评论给看完了，还粉上新华社小编"。第一段是一个致歉，为什么三个编辑写一句话还写了一个错别字。第二个评论，说就这 9 个字用了三个编辑，查了一下三个编辑负责哪几个字，这是最高一个评论，十几万的点赞。

微信如何做出彩的标题。好的微信标题不仅要注重口语化的表达，还应该体现个人感受，能引发共情。另外要善于玩梗、勇于玩梗。

最后简单讲一下产品创新和运营。作为全媒体产品创新的平台，澎湃 2014 年上线，2015 年上线问吧，2016 年上线新闻频道，2017 年做了问政、质量报告，2019 年做了"湃友圈"。澎湃每年都在创新产品。除了大频道产品，还会有一些运营小工具，比如《澎湃早晚报》里面会语音播报的 AI 机器人，希望大家在洗脸刷牙等不能看视频的时候，可以听新闻。我们还为上海市政协做了一个融媒体解决方案的 App。

澎湃也会做一些渠道和推广，但主要还是靠好的品牌和好的内容。我觉得做 App 最核心的问题就是用户问题。只有了解用户需求才能更好地为用户服务，所以拉新、促活、留存都离不开渠道运营。不论怎么变化，目的只有一个，那就是让用户以最快方式来获取澎湃的产品。

用户运营的核心包括开源（拉动新客户）、节流（防止用户流失与流失用户挽回）、维持（已有用户的留存）和刺激（促进用户活跃甚至向付费用户转化）。比如如果在澎湃的文章、湃友圈评论，达到一定的点赞量，会自动被打上神评的 Logo，进入到"湃友圈"热评榜单，转载还可以赢得积分。

保持理想和激情

最后，如何保持我们的理想，情怀和干劲。我个人已经从事新闻十几年了，其实现在留守干传统媒体十几年的已经很稀有了。我们总编辑在年会上说，"鼓励每一个澎湃人都成为一台发动机"。我觉得虽然是在一个单位转型，但对我来说就像自己换了很多工作一样，自己能体会到很多不同的工种，逼迫自己成为一台发动机，挖掘自己不知道的潜能。

《我心澎湃如昨》，这是澎湃第一任 CEO 邱兵当时写的一篇发刊词，传播度非常高。为什么整个团队可以保持现在这样的激情？首先得益于澎湃的企业化管理与市场化运营，没有什么编制一说，这给我们带来一个相对公正的薪资体系；其次是平台巨大传播力与影响力带来的职业成就感，我们做深度报道的机会比较多；再次就是团队包容开放、积极向上的内部环境所带来的个人成长提升满足感，我们整个团队 30 多岁，下面有不少 90 后主编，随着业务板块的扩大，澎湃留给年轻人的机会特别多；最后是激情澎湃的企业文化带来的强烈归属感。

总结一下，首先澎湃的内容很硬核，主要靠硬核打天下，所以才有现在传播力和影响力。其次是每个新媒体从业人员都不可或缺的运营思维。我认为只要在媒介这个环境里面，无论是记者还是编辑，都需要具备运营思维和用户思维，要考虑在哪里体现劳动力、在哪里体现在现场的部分，写用户喜欢的标题，生产用户喜欢的内容，这是 AI 机器人不能做到的。总之平台用户喜欢什么样的产品，我们就要去生产什么样的产品。经营人员也要有运营思维，要知道现在广告的表现形式，才能拉广告。所以贯穿到每一个岗位、每一个人都应该要有运营思维。最后运营不能仅仅是思维，还要有相应的运营工具，靠程序员帮我们实现。首先要大胆构想。媒体人一定不是掌握技术最先进的，但是媒体人要保证思想一定抓住、紧跟前沿东西，不要落后。而且我们有很好的专业功底，有很核心的武器，所以紧跟潮流和技术，拿好武器武装，用很好的用户思维之后，我们媒体人还是有很广阔的道路。

对 话 张 凌

李小萌：澎湃从都市媒体冲出来的关键是什么？

张凌：我觉得我们其实对于新闻追求一直在，只是我们遇到互联网更好的时代，在报纸时期我们做过很多很好的作品，可能没有传播出去，最多只能覆盖到长三角，到北京。传统媒体时候没有给我们带来便利。我们很好地把握了互联网时代给我们的契机，转型比较早。可能澎湃成功，第一是进入市场比较早，天时地利人和。第二，离不开整个上海市对新媒体的扶持和支持。我们是2013年两个报业集团合并以后第一个上线的新媒体项目，当时我们获得了宣传部和上海报业集团很大支持，给了我们一个亿的启动资金做这个项目。上海报业旗下这些新媒体已经在全国媒体舆论场占领了很重要的一席。我们现在还会花那么多人力物力做深度采访报道和有社会责任感的内容，因为宣传部和报业集团没有给我们很大的经济压力，而是给我们非常宽松的环境。最后我们这个团队非常好、很稳定，从报纸时期的400多人，现在发展到700多人，基因能够保持下来。

百家号：澎湃为什么去做全网平台的传播？

张凌：首先我们也是从零做起的，虽然说现在澎湃好像挺有名，但我们的下载量是一亿多，跟百度、头条、腾讯等商业网站比都不是一个量级。我们其实也希望能有更大的影响力和传播力，但靠我们自己传播是局限的，只守着我们自己的 App 就不分发，这是不现实的。好内容就应该给大家看到，我们相信内容需要不断的输出。我们当然希望从别的平台上看到我们新闻的人有一天能够更来到我们的 App，这肯定是我们的终极目标。其次就是很实际的理由，百度这类的属于二类新闻服务资质，没有原创，对我们是渴求的，我觉得这也是媒体融合的一部分，我们有生产能力，你们有分发能力、有流量，双方取长补短。媒体和媒体合作形态不一样，有的是流量合作，我们澎湃是版权合作，像我们这些能够分发的都是购买我们版权的，至少也是对中国版权市场的一种贡献，现在毕竟比我们报纸时代版权是值钱多了，让我们的记者们也能看到内容是有价值的，这也是好事情。

百家号：怎么样去进行内容变现？

张凌：首先澎湃到目前为止是社会效益为先的，还是以打品牌和做内容为主。当然我们也会去追求经济效益，靠内容变现，一方面就是卖版权，版权是澎湃现在的第二大收入；另一方面就是付费阅读，这个是需要慢慢培养的，我们也会去探索。

提问者：一线的记者是什么样的状况？

张凌：现在媒体环境的确挺难，能够坚守调查记者的越来越少，也可能是互联网时代带来的浮躁，能够坚持还去现场的就没有原来那么多。但是我们会一直坚持，不惜成本去现场采访。对于一线记者，只要发布出来，他能够真实地看到大家的评论，或者很多热点事件出来的时候，在其他媒体评论下面看到说期待澎湃报道，这些时候记者就特别有责任感，觉得我们一定要在这个事件上对我们的用户、对广大的渴求信息的用户有一个交代。澎湃在收入上保障一线记者，因为难度很大，这样记者要养，我们愿意养好记者，愿意做深度调查的记者，每一个记者都是我们的宝藏。一方面有成就感，另一方面有好的收入。

提问者：新闻是守望社会，运营是商业思维，真正运作起来会有价值和利益冲突吗？

张凌：我们还是以价值为主，我们刚刚那些手段，都是为了让用户有更好的体验，并不是说为了卖更多的钱。

张凌，澎湃新闻互动新闻中心总监，负责澎湃新闻在所有社交媒体上账号的内容运营，负责澎湃新闻客户端最新互动社区"澎友圈"的运营，同时还担任澎湃首个融媒体整体解决方案输出的项目经理。媒体从业十多年，个人也和媒体行业一起不断融合转型。

（整理者：朱世儒）

新赛道

东家朱见山：买卖是最好的保护，
使用是最好的传承

朱见山

东家 App 创始人、董事长

手工艺的传承

在互联网环境下，每个行业都在被互联网化、数据化乃至智能化，不可能被遗忘。有一些行业比较快被线上化，比如信息传播和一些领域的电子商务。但有一些行业本身具有独特性、复杂性以及小众性，线上化就会相对缓慢，手工艺产业就是其中之一。

这个行业是什么？工业革命以前，其实生产大部分都是靠手艺人用手来进行的，所有木制品、竹制品、衣服、茶叶都是用手来完成。工业革命以后流水化生产，这些产品被其他的材质和不同的工艺替代，但过了几百年也没有消亡，一个竹子编织的筐，机器很难替代；一个手工刺绣，跟机器刺绣是不同的效果。手绘和艺术审美参与的产品，更难用机器替代。古代劳动人民的日用之物，适应当时生活需要和审美要求，发展至今，成为中国非常独特的传统手工艺文化，保留在我们的生活当中。

现在人们依然有人欣赏这些手工的、带有温度的产品，因此就有许多人在不同维度上去挖掘它。有人在做非遗保护，有人在做商业转化，有人在做文化传播，大家都在通过不同的方法去维护这些手艺和心意。

互联网介入前，匠人生活在一个狭小的区域，销售渠道相对单一、小众，不够商业化；在使用的场景上缺少"当下感"，作品审美过于守旧。同时，消费者也缺少购买路径，学习传统手工艺文化的成本过高，使得整个手工艺业态发展面临困境，一些特色的手工艺逐渐流失和被时间淘汰。

中产阶级消费升级给手工艺带来的机遇

人们有了基本生活保障以后，对美就会有追求，对个性化、独特化、定制化的消费产品需求量就会放大。消费行为和消费产品越来越回归到个体。我喜欢什么？我喜欢这个颜色，我喜欢这种生物，我喜欢这个图形。我们有时候通过手机壳来证明不一样。标准化的商品产生了标准的生活方式、生活场景，但这样的生活方式和生活场景缺少个性，缺少创造，缺少独特的那一部分。这时什么样的产品可以满足我们的需求？那就是手工艺品。

手每画一条线不一样，每写一个字不一样，手不可以完全标准化操作。手工的程度其实也是柔性供应链，独特化的生产过程造就了不一样的商品，所以今天很多消费回归到这里。买一个爱马仕的包也要买纪念款，很多奢侈品通过几百年的传承，从手工、批量生产、大量生产，到有一部分变成定制化生产，欧洲有非常多的奢侈品，其实就是以这样的生产和商业方式来服务消费者的。

从挖掘到展示再到交易

一端是中国的手艺生产，另一端是生长的消费需求，在这样机遇之下，就有了梳理消费者需求进行商业化的必要性，也成就了东方美学复兴的可能性。

商业化的过程，需要市场背景和消费场景。手工艺品为什么一定会有市场？因为中国人具有对传统文化的认可和自身的认知。每个中国人的基因里都有两滴水，一滴茶水，一滴墨水。一滴茶水代表一种健康、友好和自然的生活方式，以茶会友，以茶修心。一滴墨水代表中国文人和中国文化的生活方式。书房是古人非常重要的一个生活场景和精神家园，精美的文房物件就是文人的奢侈品，古往今来，中国人也更喜欢喜欢翡翠、玉石，而不是钻石，年纪大了以后也更喜欢石、木等更具备中国传统审美价值的物件。

现在人们很少会去把玩和田玉、泡壶茶、听戏曲。这些生活方式的回归需要道具，这些道具也变成传承的物件。有人打造古琴才能听高山流水，有人制作散发香气的墨才有墨痕书香。有了这样的器物就会有这样的生活场景方式，有了这样的生活方式就会有中国的一些传统的智慧，抑或一种对自我的认知。

在此背景之下，2015 年，"东家"在杭州诞生。为什么叫"东家"？"东"是中国文化的积累和传承，"家"是一种生活方式和传承载体，"东家"意即

"东方美学生活家"。东家想把这些传统的、传承美的生活方式带到当下的生活方式。

作为将中国手工艺品线上化的品牌，东家要将隐藏在不同地区、不同民族的手工艺产品找到，第一步工作就是利用互联网 App 这样一个平台，来连接制作传统物件的匠人。东家最早创业的时候在互联网上找，量非常小。后来，我们大概用了四年多时间，从传统手工业比较密集的地方，例如长三角地区、西南云贵川地带开始挖掘寻找，在全国拜访过十几万这样的手艺人，几乎每一个省都有入驻我们平台的手艺匠人。

刚开始接触时，这些手艺匠人对互联网的认知非常浅，不知道什么叫App、如何拍图片上传、运营、众筹，对互联网更是一无所知。这些年东家的最大工作就是让手艺人认知互联网，使用互联网工具，让商品、个人、品牌和内容线上化。我们先让这些手艺人线上化，第一步展示手艺制作和产品；第二步进行交易，看是否有人需要。我们一开始想到底多少人会买卖，3 个月以后当看到一个月可以有 100 万元的成交额时，我们看到了希望。所以在 2015 年12 月我们把整个交易打通，展示变成了交易。所以利用互联网是可以帮助买家和卖家促成线上交易的。

经过了几年时间，目前东家汇聚了一万多手工匠人，其中有数百位国际级、国家级大师，数千位顶尖青年匠人，平台上手工艺品包含 7 大类目，247个细分品类。东家在满足消费者个性化需求的同时，也为那些具有匠心精神的手艺人搭建出一个足够大的专业平台。

手工艺的场景营造与整合

东家通过电商、内容、社群、文博与线下等多场景的营造和整合，在创造巨大商机的同时也带来相应的社会效益。因为我们认为，使用是最好的传承，买卖是最好的保护，分享是最好的传播。

电商

之前，手工艺品以量定产，比如要一批衣服、一批杯子，就采用定做的方式完成生产，因为很多手工艺品都很独特，不知道哪个好卖，做一大堆也浪费。所以手艺人是一种短平快的生产方式，先有量再去做，以这样反向定制的C2B 方法来完成交易。东家会用各种方式如电商、众筹、拍卖等方式达成交易，大师也好，手艺人也好，都入驻到东家平台来完成 C2C 交易。

原来的艺术品都是拍卖，大师作品经过几道转卖，真假难辨。但是当大师通过手机屏幕上讲这是我做的、我为什么这么做、好在哪里、用什么泥料、什么款型这样直接的交互方式，可以达成高客单商品的信任机制，拍卖一件上百万的单品。并且，东家平台提供担保和背书，如果买到假的还可以退货。比如我们第一次在景德镇烧窑、押窑，在几个互联网平台上三天有 400 多万粉丝观看，这说明粉丝对怎么烧窑、怎么制作非常感兴趣。所以，我们区别于淘宝爆款，区别于其他一些平台的便宜的性价比商品，我们回到手艺本身，贩卖我们的手艺。

内容

手工艺品交易要提供很多知识点，我们要去了解所有的手艺，真正知道紫砂壶是什么手艺、什么造型，马尾绣跟刺绣的区别在哪里，大叶紫檀跟小叶紫檀有什么不一样。我们通过短视频、文字、直播、展览这些方式让大家来认知。怎样来梳理不同的手艺、不同的人、不同的文化背景、不同的美，这些部分其实都需要内容化的方式来生产。这是我们近两年努力尝试的，也交了很多学费。

有了内容以后还需要传播。在东家 App 上，每一款产品都有一个动人故事，不仅是买卖，更是一种情怀，让东家成为一个汇聚的点。东家给每个匠人写匠人词，一个匠人有一篇清晰的文章来描述他是谁、他在干什么、他有怎样的匠心、他的厉害手艺在哪里，目前已经写了大概五千多个匠人词。我们还在尝试纪录片和短视频，让内容有趣，寻找到更大的传播方式和平台，让大家来形成认知，形成场景化的生活美学和产品百科。比如抖音、快手上面的手艺视频就非常受欢迎，我们有几个做油纸伞的视频在 15 天的时间里获得了十几万的粉丝。

社群

手艺爱好者、生活方式爱好者其实是圈层化的。因此东家在 2018 年开始慢慢尝试利用好社交这个板块营造社群场景。针对很多手工艺爱好者身处不同地域的问题，东家开办了"壶碟会"，灵感来源于一百年前的一帮民国文人在西湖边的相会，每个人拿一碟菜，一壶酒，然后听琴、作画、吟诗，把美好的事情融合在一起。2019 年 10 月，"湖上集市"在杭州西湖边展开，东家把优秀手工艺产品集中在一个空间下，让很多用户参观、感知、体验，把零碎的手工艺产品变得场景化，使消费者有认知从而进行交易。

文博

每个时代都有每个时代的美和造型，这是由生活习惯、文化碰撞等多方面影响所形成的。很多产品用最传统的方式、最好的材质制作，但它不一定能融入和回归到我们的生活。东家与全国上百个博物馆合作引入东家文博的 IP，让产品找到 IP 放大的能力。通过东家文博，让设计师去更好地理解传统，也理解传统当下化，把这种文化跟中国当下场景进行对接。手艺人、设计师尝试着改变传统手工艺色彩、场景甚至大小，改变使用的方式和材质，去实现这种对接。东家应用中国国家博物馆授权的 IP，通过有不同的时代代表性的文化符号，集博物馆、文物、历史、工艺、神话、艺术等于一体，为冷酸灵打造了一套 80 周年纪念款牙膏。

当下很多优秀传统文化，需要年轻人用自己的语言和所喜欢的方式，来把这批宝藏进行转化。热爱传统文化的人、考古专家、商业人才和优秀的设计师都比比皆是，但是把专业附加到手工艺品和商业化放大的能力和人才现在特别紧缺。因此东家联合顶级研究机构和海内外专家团队开办匠人学院，分成不同行业，不同类别，服务上万名手艺人，在不同阶段对他们进行赋能与培训。例如对茶器手艺人培训，东家会将场地放在中国茶叶博物馆，直接与古代茶具接触，请中国美院教授进行学科理论的指导，也会请中国台湾故宫博物馆的研究人员，对茶文化进行分享。东家平台综合不同的资源，来对匠人们进行赋能。

就像每个时代都有当下的"青花"，元朝青花也许是蒙古人看到天空的蓝色，明朝青花也许是对于手墨的提炼。每个时代的标签是由当代人在生活中创造出来的，通过培训，东家发现近两年的茶道器具、文房用具、家具有了很大的发展。

线下

线下化是一个必然的未来，文化产品是最适合打通线上线下，来提炼、销售和传播的一种产品。线上的信息流、物流、资金流很方便，跟线下面对面的感知体验结合在一起，文化性产品的特色能够发挥得更淋漓尽致，然后完成销售和溢价。但线下场景很难打造，一不小心就会给人"老气"之感，太过时尚又会失去东方美的韵味。东家正在做各种尝试，设置体验区、匠人品牌主题区，创造无边界浸润式的生活美学碰撞空间，通过私密感独立专属区域来提供差异化服务。在天津和上海豫园的线下品牌店，东家也用多形态文化领域的设计去打造交互场景。

东家承办了中国匠人大会，希望这个被边缘化、被工业化所抛弃的行业，能有一个舞台来重新聚合，收获掌声和自信，为这个时代创造出更美、更有价值的作品。此外，东家携手共青团中央举办"中国华服日"，通过物件、场景，拉近人们和传统文化的距离。手工艺品也不是完全土生土长，大部分都是东西方文明碰撞后造就的。但现在国外所认知的依然是原来清朝时期的东方美，今天的东方美没有被好好输出和解读，真正意义上的商业化转化很少。东家希望走出去，让有当下的审美的东方之美得到传播。东家与匠人共建共生，通过品牌的建设使手艺更加商业化，好作品的价值得以呈现，匠心得以坚守。

对话朱见山

李小萌：东家的初衷是架起桥梁，让手工匠人和客户对接起来。到博物馆前走秀，设计产品，好像已经跟最开始的动机游离，怎样看待这样的变化？

朱见山：我们的创业初心没有变，最早创业的时候是"东方美学生活家"，从来没有想把自己定位成一个买卖平台。我们达成的第一步是服务这一环，只不过有些板块没有人在做，所以不得不自己进行尝试和扩展。

李小萌：做商业还是会回到赚钱的话题上面。虽然艺术家不爱谈钱，还是要赚钱。那东家最终盈利方向和手段是什么？

朱见山：东家在 2015 年上线以后，到 2017 年全部都是免费，吸引手工艺人进驻到这个平台，进行前期孵化。2018 年我们有了佣金收入，成交时收取相对低的佣金。当整个行业被挖掘上来以后，把最好的设计和最好的产品在东家上销售，手工艺品溢价是足够的。只要把事情做好，做好内容、体验、买卖，是可以获利的。

李小萌：用一句话形容，东家在做什么？

朱见山：我们想做中国文化商业的一个入口。文化产业有两个特点，文化是高维打低维，有一个维度，不但简单地做文化，要有包容的引领和商业的放大；第二个维度，文化产业需要生态化，不是说卖一个茶杯就叫文化产品，需要相对的生态化，东家要去构建这个生态。

李小萌：东家的核心竞争力是什么？

朱见山：标签化、专业化、品牌化，抓取行业中最头部的手艺人设计师，占领赛道。

李小萌：工艺品大多都是非标的，如何对他们进行定价，做到标准化？

朱见山：一物一价，肯定是非标，但是我们平台拥有数据和类比。第一，从非标的源头开始，从人的维度来把控，制作物件的人的审美、工艺、生产规模、运营能力等；第二，对物的审核，每一个上架产品都会有审核小组进行审核。

李小萌：如何看待科技产品对手工艺品的替代？

朱见山：一切的高科技，给我们生活带来便利的工具是无法阻挡其替代性的。但手工艺品有独特价值存在。人和物的关系，用手创作产品的过程是不可替代的，也是最珍贵的，是人文的传承。同时，手艺人产品最大优点是定制化，这种高定制化能持续与用户沟通。未来也许有一件物品外面是木头独特雕刻，里面是最好的高科技材料，融合在一起。

提问者：东家对于手工艺品的定价机制是什么？

朱见山：所有商品定价是手艺人自己决定。东家最早一部分用户相对富裕，商品具有稀缺性和非标准化，当时的产品定价有点偏高。随着更多手艺人的引入，更多商家和买家的参与，价格就会更加商业化，就会降下来。东家不采取比价的方式，比价是对用户和手艺人简单粗暴的伤害。用户会自己感知、比较，从而选择适合的高性价比商品。

提问者：您怎么看待文创领域的IP？

朱见山：简单的IP应用现在越来越多，想做一个IP成为爆款获利，其实很难。IP应用需要产品化、创意化，再到传播、销售，这是很大一个闭环，这个闭环形成其实要交学费，有无数的坑要踩。所以对于文创IP，我的建议是不要想一下做太大的爆款。其次，让IP产品化以后生活化。有很多人认为这个杯子简单放上文字和图形，这个不是IP。此外，还有对IP的解读，要真正挖掘这个IP主题性，使它的灵魂跟产品结合，这需要功夫和能力。未来需要很多这方面的人才去尝试。

提问者：您在创业过程当中遇到比较大的困难是什么？

朱见山：快是互联网商业的本质，手工艺品是美的慢慢积淀，这是一种冲突；互联网的快速与人们对艺术的情怀，也是一种冲突。最大困难永远在后面，但目前的最大困难是人才，是团队，是和时间赛跑。

朱见山，东家 App 创始人、董事长，东家文博董事长。书法家，知名茶人，日本外务省手工艺室国际顾问。多年来一直致力于东方美学推广，策划和主导了第一届、第二届中国匠人大会。

（整理者：龚梓玥）

柒小佰郭晶晶：从智能单车到儿童运动：硬件创业有哪些坑

郭晶晶

柒小佰 CEO

硬件创业是一件漫长又艰苦的事情，从产品定义、产品开发、产品落地、产品销售，到最后库存如何处理，有很多方面需要兼顾。其实人生也是一样的，就是从一个坑到另一个坑，最后从坑里站出来的人会告诉其他人，我成功了，实际上前面还有不同的坑，人生也是要经历这样一个过程。就像我的创业，还没有成功，没有走上人生巅峰，一直在尝试中失败，爬起来之后被打倒再失败。在我的故事里面，其实没有太多的成功，更多的是反向的例子，用这些例子来让大家尽量避免这些坑。只有登顶的人，才有资格一览众山小，否则就是被忽略的小。当我们告诉别人，我曾经失败过，失败对于我而言就是一场修行，这个概念其实是不成立的，只有在自己功成名就之后，才有资格说失败是修行，否则失败就是失败。虽然这样讲有些残酷，但现实就是如此，失败的经历可能变成戏剧、诗歌、电影，也可能变成留给后人感慨的情结，但是唯独不是成功。希望大家可以从失败的故事中了解如何远离失败，如何让自己离最后的成功更近一些。

最可怕的敌人来自视野之外

2014 年，我们开始进入创业领域做第一个创业项目时，选择了城市自行车。2014 年是中国创业的第一个高峰期，中国全民创业的风潮在这几年极大地拉动了中国的内需和剩余劳动力。受到这样的影响，大家一开始觉得创业是要追风口的。比追风口更好的项目是什么？就是去追风口中的风口，也就是风口中的十字路口。第一个风口是智能硬件，各式各样的产品加上智能化、联网化是当时的趋势；第二个风口是智慧交通，如何在城市里让交通更智能，比如地图导航会指出从 A 到 B 哪些是最快捷最有效率的路；第三个风口是运动健康；第四个风口是消费升级。这四个风口的十字路口就是自行车，它可以触及运动健康、智能硬件、交通出行以及消费升级这几个方面，而且是海量、高频、刚需的市场——短途交通。滴滴的出现解决了中长途交通问题，那么短途交通问题谁来解决？带着这样"追十字路口"的理念，我们决定来解决这个问题。

我们在智能硬件方面做了什么样的产品？当时设定了一个全球化生活方式的品牌路径。在过去，大家觉得骑自行车是比较 Low 的事情，我们首先要改变这个观念。产品方面的设计思路首先是要做一个好看的自行车、很酷的自行车；然后我们把电子件和自行车完美结合在一起，当时花了很多的工夫，在自行车的车把上面集成了屏幕，屏幕里面有各种感应器，还有定位系统和电池，把电子件缩小化，工程量不小。这就是产品的第一个概念——未来属性。可能很多人会有疑问，自行车为什么要做成一个能够定位，而且有数据记录，还能够去分享城市里面数据的产品呢？这不就是骑自行车的时候戴个手环就可以解决的事情吗？为什么要这么麻烦？我们切入的就是产品的未来感。从现在思考到未来的时候，就会看到有一些需求或者有一些产品的定义是没有那么好的。

在当时我们对未来充满了非常大的梦想，觉得能够改变城市，改变一切。我们做的第一代智能自行车，产品做出来之后的定价在 2599 元。可能听到价格之后大家就明白了，我们犯的第一个错误就是，如果将我们的产品定义为大众产品，那就需要明白大众的自行车所使用的核心价值可能只有 699 或者是799 元。

第二个错误就是在产品定义上是不是能够解决未来的问题？不能，它有更好、更简捷的方式。我们在 2015 年发了产品，2016 年就直面撞上共享单车投放入市。共享单车所设计和要解决问题就是短途出行的问题以及防丢的问题，它所解决的问题和我们当时所设想的一样，我们没有解决，它解决了。所以最可怕的敌人永远是来自自己的视野之外，你感受不到的敌人才是最可怕的，人的恐惧都是来自未知。

以前做产品的时候，我们觉得最大的竞争对手是谁？是你把产品做到一千块钱的时候，别人卖 800 块钱怎么办？所以当领域之外的对手出现的时候，已经和之前不是一个维度了。我们所面临的是一块钱包月的对手，用我们的高成本和科技感怎么去竞争？没有办法。当这个赛道被另外一个新物种解决掉的时候，就要探寻新的方向，思考如何去选择一个未来更好的创业方向。

所有的消费品都值得重新做一遍

很多成功的企业，其实都是在大市场抓住了明天和未来的爆发。小米的联合创始人曾经说过这样的一句话，"在过去二十年里，如果你的创业方向不是在互联网、房地产或者是金融三大板块，你的成就一定只是小的成就，只有在这些领域摸爬滚打之后，在大的风口和爆发点的板块经历之后才可能成就大的公司"。过去所有上市的大公司基本上都是这几个领域，未来二十年的爆发点在品牌、文化、经济，而作为创业企业首先要顺势而为，找到未来的爆发点。

未来是什么？在产品创业时，有三种思路。第一种是站在现在看未来，需要我们站在现在想象五年、十年后的生活是什么样子。随着科技的发展，五年后我们现在身边所有的产品都可以重做一遍，那时候手机、铅笔或者是书包，它会是什么样的形态，它能够满足什么样的新需求，这就是站在现在想未来的产品。

第二种就是用未来视角看现在，乔布斯就是这样的人，但是很少有人能让自己站在未来，这个需要思考未来十年以后类似手机、5G、通信互联到了一定更新速度的时候，能够给生活带来的变化，了解这些变化之后重新回来看现在用的其他产品，我们的衣服、鞋是什么样的形态，这个是未来视角看现在。

第三种是要思考一个问题，未来这么好，这个品类这么好，为什么成功的会是我们？如果这个行业要成功，为什么是我，要认清自己，这是判断未来趋势的基本方法，站在现在看未来，站在未来看现在，包括技术路线图，就是这个领域的技术路线图重新回到现在的时候，它到了一个什么样的阶段。

互联网为海量、高频的消费品带来了更多的接触点，也带来了巨大的人口红利，消费品演变得更加刚需和随处可见。在互联网时代，所有的消费品都值得重新做一遍。

重新定义。找到新的目标人群，要重新定义产品，去满足新的需求。过去是一个产品适用于所有人，而现在消费者在分层；过去产品所面向的用户是70后、80后，现在是95后、00后，他们新的需求在哪里，这些都要重新思考、重新定义、重新满足。

重新设计。所有产品到最后都需要一个最优解的设计。当最优解出现，整个产品形态会归于统一的审美上。例如手机从当初各种形态的百花齐放，到现在越来越趋向于同一种形态，连摄像头的布局都越来越像。

重新研发。当产业中原有科技所实现的产品功能已经完全被颠覆和变化，站在科技角度需要重新研发。

重新制造。工厂的生产线因为互联网发生了变化，制造的路径也发生了改变。

重新销售。如何获取和转化流量，如何占领消费者的心智，在他们的心里"种草"，这些都是可以重来一遍的逻辑。

消费升级还是消费降级？

在过去的两年里，我们争论最多的就是究竟是消费升级还是消费降级？京东和天猫出售高端产品、优质电商网易严选和小米优品的出现都是消费升级的表现。电商的发展也在趋向于更有效率的方式，精选电商没有出现之前，我们有时候选来选去，在京东、天猫也会选到很差的产品，退货会耽误用户很长时间。但是精品电商帮助我们完成了严选的过程，大大提升了效率，我们认为这是消费升级。在一二线城市里面，确实大量的需求和消费在升级。同样的思路我们可以看到，当拼多多出现的时候消费在下沉，大量的人在买"假货"或者看起来很好但是实际上品质没有那么好，只具备基本功能的产品。

其实这些思路都没有错，它只是告诉我们，随着社会的发展，人群在逐渐分级、消费也随之在分级，消费的分级决定了产品的研发可以选择一个方向去深入探索。

无论是消费降级还是消费升级都有其中的关键点，消费升级的关键点就是量、质、意识形态。量是什么？日本和美国的毛巾使用数一年是人均十条，中国现在的人均使用数是两条。两条和十条的区别是什么？消费升级最终会让我们使用的数量逐渐增多，你会有各种各样的毛巾，洗脸的毛巾、卸妆的毛巾、擦脚、擦身体的毛巾，一条毛巾有各种各样的用途出现，这是量的变化。质的变化就是对品质的追求，使用效率的增加。还有一个就是意识形态，举一个最典型的例子就是纸巾的使用，过去使用纸巾只是用来上洗手间，后来发现餐桌上、灶台上有越来越多的纸巾出现，纸巾变得无处不在，导致一些领域有海量市场出现。消费升级满足80%用户的80%需求就够了，在市场里已经足够大了。

如果观察整个消费领域的话，在最近两年，所有爆款领域里面，基本上都跟怕死、爱美、孤独经济等人的情感有关系。

怕死：比如说养生、健身、运动、保健、保险等的兴起。

爱美：爱美的需求，像美图秀秀、自拍杆等；美妆，比如潮牌、假发等。这些爱美的需求都是在单品上面能形成爆款而且拥有极大复购率的市场。

孤独经济：95 后到 00 后开始更多地享受孤而不独的生活，比如说宠物经济，可以不需要男女朋友，可以不用那么早有一个家庭，但是我需要一只猫或者狗；外卖、一人食、鲜花、情趣用品，这些都是孤独催生下高速兴起的领域。

在这些跟人的情绪和人的本性息息相关的心理诉求中，产生了大量的创业机会。柒小佰认为情感领域更容易讲出产品的故事，因此选择了情感路线，在母婴和亲子领域里选择了情感的诉求。

爆款的机会

时代的好机会即"好产品 + 大流量 = 爆款"。2017 年以后，中国才真正有了大量的在各个消费品领域形成爆款和爆品的机会，爆款能力又能成就快速成长的创业者，这也是 VC 机构和投资人所看好的消费品领域的创业。

小米众筹把"好产品"和"大流量"两个条件聚集在了一起，既做好产品，又聚集米粉大流量，成就一个又一个生态链公司。这些生态链公司快速增长崛起，形成利益链条的循环，亦成就了 VC 对它的"加持"。这给柒小佰带来了机会——做个好产品，让很多人看到它，形成一个又一个爆款。这是时代给消费品领域的创业带来的天时地利的条件。

创业公司发展的路径一定是从单品爆款到品类第一，然后再到商业规模化，三者缺一不可。这条路径也是验证创业公司能力的基础，如果做不出单品爆款，也就不会有品类第一。企业和消费者之间的关系只有产品，做到品类第一以后横向扩张，用供应链、产品定义和品牌能力做到规模化，这是一个产品创业公司的必经之路。

儿童运动出行是一个"蚂蚁市场"

母婴童市场具有 3 万亿的规模，并且具备着 18% 的复合增长速度，蕴含着巨大的市场机会。通过分解产业格局，儿童市场又可以具体切分成成长、教育和运动三大板块。成长板块，即吃喝喂养，这是高频刚需领域，所以有很多强品牌，格局明确；教育板块，这部分具有越来越多的模式创新，需要教育的高专业度；运动板块，也就是儿童玩乐板块，是典型的"蚂蚁市场"——一个没有巨头的市场。

成长、教育这两大板块已经成为红海，而运动板块，包括儿童出行在内的领域仍是蓝海，单一品类市场规模就可达数百亿元，而且目前市场集中度不高，缺乏具有领导力的品牌。我认为，蓝海市场不一定是蓝海，反而大多数是"死海"。找蓝海只是切入点，杀不回行业的"红海"，公司就做不大。做"红海"产品容易找到刚需点，但大家都在满足同样的需求，更多的竞争只是技术方案的差异；而做蓝海产品往往需求不太强烈，痛点隐藏得很深。

市场前景很好，但是为什么我们能够做得到？这是需要思考的问题。我们寻找了一个新的方向，决定做儿童运动和出行领域的新消费品牌，它的支撑点是400亿市场容量，以及蚂蚁市场和消费分级带来的机会。

这个板块之所以是一个蚂蚁市场，是因为进到儿童市场的运动板块以后，有一些坑是无法绕过的。

第一，在互联网运营上，最怕的一件事就是用户留不住，拉新是一个痛苦的过程。在母婴行业里面，用户是永远留不住的，因为小孩这个群体会是不断长大的状态，那就要不断拉新，就要不断找这一部分用户在哪里。

第二，消费者和用户是两个人。消费者是父母，用户是孩子，产品设计、产品用途需要满足两者之间的需求。而且不是一成不变的，五岁以下，孩子做决策占的比例非常小，父母占决策比例非常大，但五岁以上孩子自己做决策的比例占到了50%。随着年龄的增长，每一个阶段的产品，设计的考虑比例都是不一样的。

第三，产品使用时间短。只有成长板块的高频、刚需消费品才有很高的复购率，像玩具类产品，使用时间可能只有6~12个月，并且几乎没有任何的复购。

此外，产品单品爆款机会比较小，品牌成长周期比较长。

流量如果进来又无法留存，又没有复购转化，使用时间还短，那这门生意成了一个"天坑"。面对这些儿童行业的痛点，我认为可以"对症下药"：

第一，用户留不住，可以做产品矩阵，从两岁产品做到七岁产品，让用户在不同的产品里面完成他的成长。

第二，消费者和用户是两个人，做到产品和设计的精准定位，每个产品只做那个年龄段，不考虑太多的通用性。

第三，产品使用时间短怎么办，去做多功能的产品创新延长使用年龄，挑战产品结构和产品未来性。复购率不高，则通过运营升级产生裂变。

此外，单品爆款机会比较少，持续迭代，找到产品设计最优解。品牌成长周期长，则一定需要拉高利润，耐心等待。

打造爆款产品的方法

一个要点：少就是多。做好核心需求，以最快的速度去抢夺市场。例如小米手环，上市时相比竞品而言少做一块显示屏，以 79 元的价格占据了垄断性的地位。这就是爆款产品所做的减法，少就是多，不做额外的需求，就是把它做到最核心的需求，最快地抢占最大领域的市场。爆款的性价比并非一定是对供应商或者生产链条的利润压缩，而更多的是利用对人性和需求的判断去做减法。

两个方向：第一，小众产品大众化，降低使用门槛。好的爆款产品自带流量，而且流量是一个闭环。例如小米通过手机不断地拉新，引入米粉进来到小米商城，进入到小米生态链的各种各样产品里面。购买手机是一件低频的事，但是产品生态链中还有充电宝、手环、纸巾、空气净化器等身边各种各样的东西，就会引发很高频的购买。这个过程，流量始终在里面做循环，这就是做到每个流量价值的最大化。第二，大众产品优质化。大众产品优质化有两个要点，更好的用户体验和更高的效率。效率是达成一件事、完成一个目标的最短路径，也是人和企业到最后所竞争的核心。即使小的创新也能实现效率优化，例如小米插线板在实现大众产品优化时，增加 USB 插口去满足手机充电需求，改变插孔的排列以更合理的方式去实现充电效率化。一些小的创新，就决定了产品在这个价位段就能够吃掉蚂蚁市场里的极大的份额。

三个步骤：第一步是确定用户，一定要清晰地知道产品为谁而做。如果是做一个大众产品，就不要去关注小众的需求；如果要做一个小众的产品，就要关注这一部分小众群体每天所感受的是什么。必须要清楚用户是谁，这个人群的性格特征、社会属性是什么，要清楚他们的未来会发展到哪种需求，他们的痛点在哪里。第二步是定配置，守正出奇，解决主要需求，满足 80% 用户的80% 需求。第三步是定价格，性价比的产品是最大的流量，你要做一个贵的产品，最终还要分出 30% 的毛利投入到渠道和推广中，每一个流量都有它的价值。在淘宝、京东开直通车需要钱，请直播带货是基础的链接费再加上 25%

以上的毛利，也需要钱。以儿童母婴为例，抖音里稍微好点的大号，推一条视频要五到八万，同时带货带链接还要拿到 25% 的毛利。这些要不然放在流量池里面，要不然放在产品里面。做高性价比的产品，毛利不要放得那么高，放在一个大众的价位段，会让你的产品性价比自带流量。

目前市场上的儿童运动出行类产品多为成人运动产品的缩小版，但由于成人和儿童的肌肉、体重以及对运动的理解都大不相同，成人运动产品缩小版在产品设计上无法贴合儿童的使用场景和使用习惯。我们自主研发的儿童车、儿童头盔和轮滑鞋等儿童运动和出行产品则更聚焦于儿童的成长特性。

通过对行业、产品以及爆款方向和渠道的判断，我们做出这样第一条产品线。考虑到使用周期的痛点，我们将自行车设计为带有变形功能，通过按钮即可将自行车从 2 轮增加为 3 轮。轮滑鞋在设计上，采取档位调节的模式，将鞋码覆盖 24.5 ~ 31 码，一方面，延长了产品的使用时间，另一方面，也增加了可玩性，提升产品使用时间和频率，秉承着增强产品成长性的理念。

硬件创业的九死一生

第一，产品定义定成败。一个初创公司的命运，可能在产品定义的这一刻已经决定。这里面包括了好作品、好产品、好商品三个概念。在审美、设计上面获得了全球的认可，但是成本高昂甚至不具备量产化的条件，这是好作品；有明确用户需求，并且满足了用户需求，完美解决了用户的痛点问题，这是好产品；在好产品基础上做减法，减掉不必要的功能，让它的成本和售价最终回归到有竞争力，能够自带流量的产品位置，这个就是好商品。所以每一个产品定义应先做加法，然后根据用户需求做减法，最终回到大流量产品的位置。

第二，要对产品耐心，对产业尊重。每个产品品类在这个领域里，都是从用户需求到产业链终端的完整解决方案，不是短短三五个月能成就的。一个极致的产品才最有穿透力的，才能最直击到用户核心的根本，用户才能为它产生良好口碑去影响更多的人，才能完成一个流量的循环。

第三，"欲练神功，必先自宫"，产品做减法，团队和项目也要做减法。对于创业公司来讲，人力、财力、精力有限，所以在第一阶段应把所有的精力、思考全放在一个产品上。

第四，学会做数学题。互联网影响到产品营销路径的变化，电商的本质其实是变成一个流量、留存、转化、复购之间的算法游戏。GMV（Gross Merchandise Volume）就是"UV×转化率×客单价"，变成一个平台流量转化率、客单价的一个公式。一个自带流量的产品只有做到这几步，才能持续长久不衰做下去，否则只靠拉新的产品和公司，是非常难以生存下去的。人货场的新零售下，很多职位将没有边界。如果产品经理是不懂市场流动和闭环，设计出来的产品一定没有流量和未来。产品型的电商运营，如果只是靠付费流量拉动，而没有利用好产品的裂变和产品的流量完成下一次积累的话，也肯定不是好的电商运营。运营型的市场推广中，一场市场策划、品牌传播，更多关注的是流量是否有产生及时的转化，市场的路径有没有带出来。产品和未来营销在市场中相互作用无处不在，贯穿核心就是流量。

第五，产品不立，品牌不提。我们是先做产品还是先做品牌？很多是选品牌，我是做市场出身，如果品牌做得好，产品流量一下子拉起来了，各方面的口碑一下子就有了爆点，是不是更好？其实不是这样的，你和用户之间唯一的关系就是产品，你的服务也是一种产品。品牌、美誉度、知名度都只能够在这个路径上看到、体验，如果不能在下一次口碑或者好评中产生裂变，他只会看你一眼，你所有的品牌是没有产品基础的、建立不了的。所以我们创业公司成长过程中，如果产品不立起来，就不要提品牌这件事情，不是告诉用户是谁就是谁，最终声音是用户告诉的，你就是最牛的某某某产品代表。最后这个词让他发自内心喊出来，那才是品牌建立的时机。

第六，产品先打动用户，再打动渠道，再规模化。儿童产品有70%是在线下销售出去的，而线上和线下的产品逻辑、定价逻辑完全不一样。做线上，企业和用户之间的关系是产品能否打动他；而线下，还有和渠道之间的关系，除了能不能卖得出去，更大的就是有没有利润空间给他们。所以，我们一开始就没有先攻线下渠道，而是在各个电商平台上跟用户直接发生关系，用最高的性价比展现给消费者得到直接反馈，小步快跑、快速迭代。渠道永远在那里等你，它不会变化，但消费者不会永远在等你。

最近这两年的确不是创业的好时机，也不是创业好的机会点。九死一生或者百死一生这样子的词，也不过是对创业这件事情的美化。创业最终的结果一定是失败，只不过是在什么时候失败。我们人生的宽度能够让我们扮演更多的角色，打更多的副本，这是创业的意义，创业不值得，但成长值得。

我跟大家讲我们走过的坑，坑是什么？坑就是苦苦追求的壁垒。每一个人都做自己这个产品，掉到一个坑里，爬出来再到下一个坑，再爬出来；掉一个坑里需要更长时间才能跳出来，这就是壁垒；身后有越多的坑，就可以把自己的竞争对手甩得更远。这些坑不仅让我们知道了九死一生成功的方向在哪里，还帮我们在身后布满了让竞争对手追不上的护城河。所以最后一句话跟大家共勉，跟所有创业者一起共勉：如果商业是一个战场，人生是一个战场，身后的坑就是我们的荣誉。

对话郭晶晶

赵音奇：您觉得做硬件产品的创业和做其他产品的创业，有什么最本质的不同？

郭晶晶：最本质的就是路径不同。比如说内容创业，讲究的是快速迭代，先抛一个版本出来，然后大家去体验，接着有漏洞再修改，再上线。它能够在一个月以内迭代四到五次，这是一个小步快跑、快速迭代的过程。但是硬件产品是"首战即决战"，从产品定义到生产、推广最后触达用户，这一系列过程是以年为周期的。它付出的路径会更长，因此一开始对各种问题的决策的重要性更强。

赵音奇：柴小佰的产品研发（例如童车）大约需要多久？

郭晶晶：第一个三轮车花了 24 个月，现在看到的这一版是已经毁掉了几代模具做出来的。所有的创新特别是结构的创新，涉及很多新材料和力学应用，很可能付出很多成本，开出来是一个没有办法量产的产品，或者体验感不好的产品。以童车为例，它有一个折叠的过程，这个折叠过程会有一个按钮，这个按钮要让妈妈们和其他用户使用时觉得折起来的动作很"爽"。这个"爽"是一个形容词，如何把这个形容词变成力学的词，这个很"爽"到底是多少牛的力，什么角度施加什么，需要漫长的测试和调研的过程，最后才能把大家用得很舒服很"爽"的感觉，尔后变成一个一个测试指标和技术参数，所以需要很长的时间验证。

赵音奇：第二次创业留下来的 12 个团队成员，跟当初创业时相比，大家学到了什么，或者跟以往有什么不一样？

郭晶晶：在创立第一天，就要把公司的利益、大家的利益讲得清清楚楚。创业的第一天并不是公司最难的时候，最难的时候反而是经营一个阶段以后的至暗时刻：销售目标、产品目标、经营目标，都和当初的梦想、愿景相背离，大家的共同利益发生了变化。那个时候，才是你的团队成员是否支持你的关键时刻。有了这段经历是团队最大的变化。

赵音奇：柒小佰加入小米生态链当中，您觉得小米能够做出爆款的核心要素，除了刚才说的做减法等等一些设计思维，还有什么？

郭晶晶：还有流量在里面的循环。硬件方面，小米手机已经卖出去几亿台了，这对应的就是几亿用户。系统软件也在获取用户，很多用户在里面留存了，留存之后的客户怎么唤醒，怎么做复购，就是小米生态链的其他产品如何进入到用户生活的方方面面。它用自带流量，把高性价比的产品用联网的方式联成物联网。在这里面流量始终在里面蓄积产生产品的爆发力，再去成就一个快速增长的消费品企业，是这样的路径。

提问者：您说到好产品加流量才能成为一个爆款，但是现在产品流量是在小米生态链中才有的，假如有一天，需要突破这层保护伞的时候，获取流量就需要成本，这个时候在价格之间如何做平衡？

郭晶晶：网红属性就是能不能做到话题性，有识别度，这样一个有特点的产品，才是流量产品和爆款产品本身的底层逻辑。这个产品会在市场上引起话题性，最终穿透到渠道以外，使得用户之间发生裂变。没有生态链的流量，产品也能找到其他首发方式。其实小米的产品也是产品本身给用户的性价比、体验感比较好，才有了后续的生命力。性价比产品的用户是比较标签的流量，它需要找到特别精准的流量才能进行转化，要找到流量的路径和过程注定需要很多利润支撑。

郭晶晶，四川大学硕士毕业。柒小佰（深圳）科技有限公司创始人，公司前身为网红智能自行车公司 700Bike。2017 年由小米和顺为联合投资加入小米生态链，Pre－A 轮又获得京东数科数千万元投资。

（整理者：符怡）

后　记

呈现在读者面前的是《时间战场》系列丛书的第三部，也是中国传媒大学新媒体创业与创新公开课的系列教学成果。

中国传媒大学新媒体创业与创新课程由何海明教授于 2017 年发起，每年连续开设，已成为中国传媒大学的通识核心课，并通过直播的方式公开分享，在校内外产生广泛影响。2018 年以来，这门课程得到腾讯媒体研究院的大力支持，进一步拓展课程资源，擦亮了课程品牌。

这门课程旨在紧跟时代与行业前沿，因此主要邀请新媒体、互联网领域的优秀创业者和管理者来授课。每期课程，何海明教授和课程团队以及合作方都会研判趋势，选择赛道，定向邀约，并与嘉宾充分沟通，确定课程的整体框架和具体内容。通过精心设计，确保授课质量。

对于学生来说，丰富的课程内容帮助学生建立对于新媒体的整体认知；对于从业者来说，可以听到来自一线的成功经验和创业心法。大家普遍认为这门课程的含金量很足，学习收获很大。敞开大学课堂，探寻优秀人物，奉献精彩知识，正是何海明教授打造这门课程的初心。这门课程亦得到大学的包容和支持，可能也符合我国高等教育新文科建设的理念。

作为《时间战场》系列丛书，从第一部确定丛书主题，到第二部凸显内容创业，再到第三部聚焦视频时代，一脉相承又与时俱进。视频时代，是媒介介质进化的时代，是平台连接重构的时代，是内容创作繁荣的时代，是媒体深度融合的时代，是传统产业升级和新兴创业机会的时代。本书围绕平台创新、短视频、知识付费、媒体融合、新赛道五个子主题，为读者们徐徐展开视频时代大幕下创新与创业的深入景象。

本书内容贡献者包括百度集团执行副总裁沈抖、芒果 TV 副总裁方菲、阿里巴巴文化娱乐集团大优酷事业群原副总裁郑蔚、快手高级副总裁徐欣、星站创始人朱峰、洋葱集团联合创始人聂阳德、少年得到董事长张泉灵、当当网和早晚读书创始人李国庆、人民网研究院副院长唐胜宏、阿基米德传媒 CEO 王海滨、第一财经总编辑杨宇东、澎湃新闻互动新闻中心总监张凌、东家 App 创始人朱见山、柒小佰 CEO 郭晶晶。他们或是学者型企业家，或是资深媒体人，或是新锐创业者，都毫无保留地为学子和读者们贡献他们独到的经验和智慧。李小萌、赵普、赵音奇三位知名主持人与知名辩手席瑞，与讲授嘉宾对谈，使得内容更加生动。感谢他们！

本书由中国传媒大学何海明教授担任主编、马澈副教授担任副主编。书稿撰写过程为主编拟定大纲，然后由徐嘉欣、周婉卿、朱世儒、张曼婷、龚梓玥、符怡六位研究生组成的编辑团队进行整理、注释和编辑，经嘉宾审看之后，最终由主编、副主编对统稿进行审定。书中如有纰漏和错误，文责由主编承担。

开好这门课，出版这本书，是各方支持和团队努力的成果。感谢经济科学出版社于海汛副社长和编辑，帮助本书出版。感谢联合出品方腾讯媒体研究院梁姗姗、罗美丽、井婷婷与我们一起邀请嘉宾、打磨课程。感谢杜国清教授、陈怡老师在课程和图书编辑过程中的全程参与和突出贡献。感谢中国传媒大学广告学院、中国广告博物馆的组织保障，特别是张津老师、师洁老师、毛佳兴老师帮助安排教学活动，以及十一号传媒团队的高品质直播工作。百度百家号提供直播平台，感谢吕国舜的协助，并一同参与嘉宾访谈。

此次适逢新冠疫情的影响，出版周期被迫拉长。好书不怕晚。书中的观点正在验证，企业也在加速成长，这正是互联网发展的写照，亦是创业与创新的魅力。希望游走在时代与当下，书本与行业之间，能给读者们带来更为深刻的启发！

中国传媒大学广告学院

马　澈

2021 年 11 月